Roger Liebi
Israel und das Schicksal des Irak
Unruheherd Nahost
im Licht der Bibel

Roger Liebi

Israel und das Schicksal des Irak

Unruheherd Nahost im Licht der Bibel

Schwengeler

ISBN-Nr. 3-85666-141-7

Paperback Nr. 141

Schwengeler-Verlag
Hinterburgstrasse 8, CH-9442 Berneck
6. Auflage 2003

Gesamtherstellung und Umschlaggestaltung:
Cicero Studio, CH-9442 Berneck, www.cicero-studio.ch

Inhalt

Anhang

Darum hört den Ratschluss des HERRN,
den er über Babylonien beschlossen hat,
und seine Gedanken, die er denkt
über das Land der Chaldäer!
(Jeremia 50,45)

Kriegslärm im Land
und grosse Zertrümmerung!
Wie ist zerhauen und zertrümmert
der «Hammer der ganzen Erde»!
Wie ist Babylonien zum Entsetzen geworden
unter den Nationen!
(Jeremia 50,22–23)

Da erbebt und erzittert die Erde!
Denn die Pläne des HERRN erfüllen sich
gegen Babylonien, um das Land Babylonien
zu einem Schreckensort
zu machen, ohne Bewohner.
(Jeremia 51,29)

Vorwort

Seit dem Golfkrieg von 1991 ist nun mehr als ein Jahrzehnt vergangen. Die erste Auflage des vorliegenden Buches erschien 1993. Bereits damals habe ich aufgrund der Weissagungen in Jesaja 13–14 und Jeremia 50–51 darauf hingewiesen, dass der Golfkrieg lediglich ein Vorbote einer noch viel schlimmeren Katastrophe war, die über das einstige Land Babylonien kommen soll. 100 000 Luftangriffe mächtigster und modernster Armeen der Welt haben zwar ein fürchterliches Desaster angerichtet, doch die Voraussage, dass dieses Land so verwüstet werden soll, dass es in Ewigkeit nicht mehr bewohnt werden kann, wartet noch auf ihre Erfüllung.

Mit seinem Einmarsch nach Kuwait (1990) begab sich Saddam Hussein in eine Falle, aus der er sich bis heute nicht mehr befreien konnte. Dieser Versuch, die durch den Irak-Iran-Krieg geplünderten Staatskassen mit kuwaitischem Ölgeld wieder zu füllen, erwies sich als eine Schlinge. 1980 hatte Saddam Hussein seinen östlichen Nachbarn angegriffen und einen Stellungskrieg von acht Jahren geführt, der etwa einer Million Menschen das Leben kostete. Der Westen verhielt sich bei diesem grausamen Krieg als unbeteiligter Zuschauer. Die irakische Führung rechnete offensichtlich damit, dass sich die Grossmächte der Welt auch bei einer Besetzung Kuwaits in gleicher Art passiv verhalten würden. Doch es kam ganz anders. Damit rechnete der Diktator von Bagdad nicht. Die Weltgemeinschaft mobilisierte sich unter der Ägide der UNO in einer noch nie da gewesenen Weise und stellte eine mit Hightech-Waffen ausgerüstete Angriffsarmee auf die Beine, die alles Herkömmliche in den Schatten stellte. Nach 40 Tagen Luft- und 100 Stunden Bodenkrieg war der Irak besiegt. Die Folge davon war, dass dieser Staat darauf von der Weltallianz zur Abrüstung gezwungen werden konnte. Ferner wurde der Irak mit Flugverbotszonen im Norden und im Süden des Landes belegt. Dieser Entscheid der Siegermächte ermöglichte es, den Irak bis heute militärisch unter der Knute zu halten. Des Weiteren wurde Saddams Land mit einem grausamen Embargo belegt, das unzähligen Irakern in den folgenden Jahren das Leben kosten sollte.

Die UNO-Waffeninspektoren in Mesopotamien entdeckten in der Folge des Jahres 1991 Schauriges an B- und C-Waffen: Tausende Liter Anthrax und Botulinustoxin, und ebenso Lost, Sarin und Tabun. Saddam Hussein war zur Zeit des Golfkrieges dem Besitz der Atombombe schon sehr nahe. Die internationale Atomenergiekommission schätzte, dass es gerade noch etwa 18 Monate Entwicklung gebraucht hätte.

Der Versuch, den die Weltgemeinschaft anstellte, um den Irak abzurüsten, stellte sich als ein jahrelanges Katz- und Mausspiel heraus. Das anvisierte Ziel konnte einfach nicht zu Ende geführt werden. 1998 schaffte es der Diktator am Tigris sogar, die UNO-Waffeninspektoren aus dem Land zu werfen. Von da an konnte er wieder unbehelligt an seinen Zukunftsplänen weiterarbeiten. Sein Lebensziel ist die Vernichtung Israels und die Eroberung Jerusalems. Saddam Hussein sieht sich als Nachfolger des glanzvollsten aller babylonischen Könige: Nebukadnezar II. Im Jahr 586 v. Chr. zwang dieser völlig absolut herrschende Monarch den Judenstaat in die Knie.

Der Irak steht seit 1948 ununterbrochen im Kriegszustand mit Israel. Im Gegensatz zu diversen anderen arabischen Staaten, hat dieses Land nie ein Waffenstillstandsabkommen mit der jüdischen Regierung in Jerusalem geschlossen.

Am 11. September 2001 trat die Welt in eine neue Phase des internationalen Terrorismus ein. Die Weltgemeinschaft wurde brutal aus dem Schlaf aufgeweckt, um wieder neu zu realisieren, auf welch gefährlichem Globus wir eigentlich leben. In diesem Ereignis liegt ein wesentlicher Faktor, der zur momentanen Mobilmachung der USA gegen den Irak geführt hat. Der 1998 errungenen freien Hand Saddam Husseins zur Förderung bzw. Weiterentwicklung von Massenvernichtungswaffen soll ein definitives Ende gesetzt werden.

Die Geschichte Iraks muss als ein Kontinuum gesehen werden. Die in diesem Vorwort zur Sprache gebrachten historischen Ereignisse der vergangenen 54 Jahre dürfen nicht isoliert gesehen werden. Die Einzelereignisse und Entwicklungen stehen in einer Linie. Eines bedingt das andere. Zuletzt aber wird der Untergang Babyloniens kommen.

Weshalb beschäftigt sich die Bibel eigentlich mit dem Schicksal Babylons? Die Botschaft in Jesaja 13–14 und Jeremia 50–51 ist eine Warnung Gottes gegenüber der gesamten Weltgemeinschaft. Sie soll uns aufrütteln, damit wir uns fragen, wo wir persönlich stehen. Wir sollen schliesslich dahin geführt werden, unser Leben mit Gott in Ordnung zu bringen – völlig unabhängig davon, in welchem Land oder in welchem Kulturkreis wir leben.

Oktober 2002, Roger Liebi

Einleitung

Der Nahe Osten ist ins Zentrum des Weltinteressens gerückt. Diese Region gleicht einem Pulverfass, das eine beängstigende Bedrohlichkeit ausstrahlt und die Sicherheit der ganzen Welt in Frage stellt.

Der 14. Mai 1948 spielt in dieser Problematik eine Schlüsselrolle. An diesem Tag wurde der moderne Staat Israel gegründet. Ein Volk, das gegen 2000 Jahre heimatlos und in der ganzen Welt zerstreut war, fand wieder ein festes Zuhause.

Dieses historische Ereignis forderte jedoch den glühenden und anhaltenden Zorn der arabischen Nachbarvölker heraus. Viele Fragen bewegen daher die Gemüter: Gibt es Hoffnung auf wirklichen Frieden? Was bringt die Zukunft? Ist es möglich, die Gegensätze auszugleichen? Kann in dieser Region Sicherheit aufgebaut werden?

Die Bibel gibt auf diese Fragen präzise Antworten. Bevor man sich jedoch mit diesen Antworten beschäftigt, ist es nützlich, sich einige allgemeine Tatsachen über biblische Prophetie vor Augen zu führen:

1. Die Propheten der Bibel haben ausführlich über die Zukunft gesprochen. Sie haben den Aufstieg und Niedergang vieler Weltreiche beschrieben, sowie das Los zahlreicher Völker und bedeutender Städte.

2. Viele Hunderte von detaillierten biblischen Prophezeiungen sind bereits nachweislich in Erfüllung gegangen.[1]

3. Keine Religion oder Weltanschauung, kein Aberglaube und keine Ideologie kann sich über solch präzise und detaillierte Prophezeiungen, die nachweislich Jahrhunderte und Jahrtausende im Voraus aufgestellt worden sind und sich geschichtlich nachprüfbar erfüllt haben, ausweisen. Die Bibel steht hier allein und über jedem Vergleich. Dieser Tatbestand birgt weitreichende Konsequenzen in sich. Auf beein-

druckende Art spricht er dafür, dass der Gott der Bibel der allein wahre Gott ist (vgl. Johannes 17,3 und Jesaja 46,9ff.).

4. Die bereits erfüllte Prophetie ist eine Garantie dafür, dass die Weissagungen, die sich auf einen für uns noch zukünftigen Zeitpunkt beziehen, mit der gleichen überwältigenden Präzision in Erfüllung gehen werden.

In den nun folgenden Ausführungen wollen wir uns insbesondere mit dem *Schicksal des Irak* auseinander setzen. Dabei wird deutlich werden, wie eng dieses *mit dem Volk Israel zusammenhängt.*

Es scheint mir aber wichtig, dass diese Thematik in einen umfassenden Zusammenhang mit der Vergangenheit gestellt wird. Im ersten Teil dieses Buches wollen wir daher versuchen, einen Überblick über für das vorliegende Thema wichtige Stationen der Geschichte der letzten 4000 Jahre zu bekommen.

In einem zweiten Teil soll der Leser schliesslich in ein zutiefst dramatisches Prophetie-Szenario, das bereits begonnen hat, hineingenommen werden.

Die vor uns liegende Thematik soll nicht mit kühler Distanz betrachtet werden. Ich hoffe nämlich, deutlich machen zu können, dass sich aus derselben direkte Konsequenzen ergeben, die das *Wohl oder Wehe* jedes einzelnen Menschen betreffen.

Teil 1

SEGEN ODER FLUCH

Kapitel 1

Zurück zu den Ursprüngen

Abraham, ein «Iraki»

Um ca. 2000 v. Chr. lebte Abraham[2], der Stammvater des Volkes Israel, in Ur, einer Stadt der Chaldäer (vgl. 1. Mose 11,27ff.). Ur lag etwa 15 km südlich von Nasrije am Euphrat, im Süden des heutigen Irak.[3] In den Jahren 1854, 1918/19 und 1922–1934 wurde Ur von Archäologen systematisch ausgegraben.[4] Sir Leonard Wooley hat sich bei dieser Arbeit in besonderer Weise verdient gemacht.

Ur war zur Zeit Abrahams eine blühende Stadt mit einem überaus hohen Lebensstandard. Die Bewohner fühlten sich den verachteten, in der Halbwüste ausserhalb der vom Euphrat bewässerten Gebiete lebenden Nomaden, weit überlegen.

Wirklich, Abraham war ein «Iraki» aus alten Zeiten! Das von ihm abstammende Volk Israel hat daher eine enge Verwandtschaftsbeziehung zum irakischen Volk.

Vom Naturverehrer zum Verehrer des Schöpfergottes

Die Menschen von Ur verehrten zur Zeit Abrahams in besonderer Weise den Mondgott Sin. Davon zeugt noch heute der alle Ruinen beherrschende Stufenturm von Ur, auf dessen obersten Terrasse der Tempel des Mondgottes stand. Bei diesem Bauwerk, einer so genannten «Zikkurat», handelte es sich um nichts anderes als eine Nachbildung des unvollendet gebliebenen Turmes in der relativ nahe gelegenen Stadt Babel (vgl. 1. Mose 11,1–9).

Auch Abraham selbst war in der Religion von Babylonien verwurzelt. Aus Josua 24,2 und 14 geht hervor, dass er ein Götzendiener war. Anstatt den Schöpfer zu verehren, der sich durch seine von überwältigender Macht und Weisheit zeugenden Werke in der Schöpfung geoffenbart hatte, verehrte er die Schöpfung (den Mond etc.), mit anderen Worten: «kosmische Kräfte in der Natur»[5].

Doch plötzlich kam die grosse Wende: Der Schöpfer selbst, «der Gott der Herrlichkeit» (Apostelgeschichte 7,2), erschien Abraham in einer Vision und rief ihn aus seiner Religion, seiner Verwandtschaft und seinem gesellschaftlichen Umfeld heraus (1. Mose 12,1–3):[6]

«Geh aus deinem Land und aus deiner Verwandtschaft und aus deines Vaters Haus, in das Land, das ich dir zeigen werde. Und ich will dich zu einer grossen Nation machen, und dich segnen und ich will deinen Namen gross machen. Und du sollst ein Segen sein! Und ich will segnen, die dich segnen, und wer dir flucht, den werde ich verfluchen. Und in dir sollen gesegnet werden alle Geschlechter der Erde!»

Abrahams Gehorsam

Abraham gehorchte dem göttlichen Ruf sogleich. In Hebräer 11,8 wird sein Glaubensgehorsam wie folgt beschrieben:

«Durch Glauben war Abraham, als er gerufen wurde, gehorsam, auszuziehen an den Ort, den er zum Erbteil empfangen sollte.»

Auf seiner Reise ging er zunächst nordwärts nach Haran (in der heutigen Süd-Türkei). Nach einer gewissen Zwischenzeit kam er schliesslich ins Land Kanaan (vgl. 1. Mose 11,31–32 und 12,4–5). Dieses Land sollte später die Heimat des Volkes Israel werden.

Zur historischen Glaubwürdigkeit der Patriarchengeschichte

Die moderne Archäologie hat eine Fülle von Material ans Licht gebracht, wodurch die geschichtliche Glaubwürdigkeit der biblischen Berichte über das Leben Abrahams und seiner Nachkommen Isaak und Jakob (vgl. 1. Mose 11–50) auf höchst eindrückliche Weise bestätigt werden konnte. Die Ansicht, dass es sich hier lediglich um Legenden handle, kann heute aufgrund des erdrückenden Faktenmaterials nicht mehr ernsthaft vertreten werden. Zudem sind die Argumente dafür, dass die Bücher Mose in der Mitte des 2. Jahrtausends v. Chr. verfasst worden sind, überaus gewichtig.

Der Brite Kenneth A. Kitchen, einer der gegenwärtig führenden Altorientalisten, hat z. B. nachgewiesen, dass die bibelkritischen Thesen, mit denen manche die Glaubwürdigkeit der fünf Bücher Mose zu untergraben suchten, heute als reine Schreibtischtheorien aus dem letzten Jahrhundert betrachtet werden müssen. Sie stehen in krassem Widerspruch zu den Daten und Fakten der modernen archäologischen Forschung im Nahen Osten.[7]

(Unter der Anmerkung 8 verweise ich den Leser auf eine Auswahl aus der einschlägigen Literatur, die die geschichtliche Glaubwürdigkeit der fünf Bücher Mose im Allgemeinen und der Patriarchengeschichte im Besonderen aufzeigen.)

Ein Schlüssel zum Verständnis der Weltgeschichte

Die oben zitierten göttlichen Mitteilungen an Abraham in 1. Mose 12,1–3 sind von gewaltiger Tragweite. Sie liefern einen wichtigen Schlüssel zum Verständnis der Weltgeschichte.

1. Die Aussage *«... in dir sollen gesegnet werden alle Geschlechter der Erde»* enthält einen Hinweis auf den kommenden Messias, den Retter der Welt. Es war Gottes Plan,

dass dieser Retter ein Nachkomme Abrahams sein sollte (vgl. dazu 1. Mose 22,17 und Galater 3,16).[9]

2. Der Ausspruch *«Und ich will segnen, die dich segnen, und wer dir flucht, den werde ich verfluchen ...»* besagt, dass das Los der Völker der Welt, will sagen ihr Wohl oder Wehe, von ihrer Haltung gegenüber dem Volk Israel abhängt. Wer Israel antastet, bringt damit unweigerlich einen göttlichen Fluch auf sich. Wer Israel segnet, wird von Gott im Gegenzug dafür mit Segen belohnt.

Der tiefere Grund für dieses Prinzip liegt in der engen Verbindung zwischen dem Volk Israel und dem verheissenen Erlöser, dem Messias. Der Messias sollte nach dem biblischen Heilsplan als Mensch aus dem Volk Israel kommen. *«Das Heil kommt aus den Juden»* (Johannes 4,22). Wer daher den von Gott verheissenen Retter liebt, muss konsequenterweise auch das Volk Israel lieben. Wer jedoch das Volk Israel hasst, muss folglich auch den Messias hassen.

Im Buch des Propheten Sacharja (um 520 v. Chr.) umschrieb Gott das eben genannte Prinzip mit etwas anderen Worten (Sacharja 2,8c bzw. 12c): *«Wer euch (d.h. Israel) antastet, tastet meinen Augapfel an.»*[10]

Im Folgenden möchte ich anhand verschiedener Beispiele aus der Geschichte aufzeigen, wie sich diese Gesetzmässigkeit immer wieder in erschütternder Weise bewahrheitet hat.

Kapitel 2

Israels Auszug aus Ägypten

Abraham hatte, wie schon gesagt, als *Fremdling* im verheissenen Land gelebt. Die Patriarchen Isaak und Jakob waren seinem Beispiel nachgefolgt. Wegen einer grossen Hungerkatastrophe nahm Jakob jedoch mit seinen zwölf Söhnen und deren Familien später Zuflucht in Ägypten (vgl. 1. Mose 12–50).

Dort vermehrten sich die Nachkommen Abrahams und wurden zu einem zahlreichen Volk (2. Mose 1,1–7).

Israel wird versklavt

Die Ägypter begannen, in dem sich mehrenden Volk Israel zunehmend eine Bedrohung ihrer nationalen Sicherheit zu sehen. Daraus zogen sie schwer wiegende politische Konsequenzen:

Sie zwangen die Israeliten zu harter Sklavenarbeit und versuchten, alle neugeborenen Söhne zu töten (2. Mose 1,8–22).

Gericht über Ägypten

Weil die Ägypter sich grausam an den Israeliten vergangen hatten, kamen gewaltige Katastrophen über sie. In 2. Mose 7–12 werden zehn Plagen beschrieben, die über das ganze Land Ägypten eine schreckliche Verwüstung brachten.

Da diese Plagen so offensichtlich im Zusammenhang mit der ägyptischen Haltung gegenüber den Israeliten standen, liess der damalige Pharao das unterdrückte Volk Israel schliesslich ausziehen.

Schon bald reute es den Pharao, diesen Entschluss gefasst zu haben. Er versuchte, die Israeliten mit seiner Armee zurückzuholen, doch dies führte zu seinem Untergang im

Roten Meer (bzw. Schilfmeer). Die gesamte aufgebotene Militärstreitmacht musste sein tragisches Los teilen (vgl. 2. Mose 14–15).

Zur Datierung des Auszugs aus Ägypten

Der Exodus aus Ägypten fand um die Mitte des zweiten Jahrtausends v. Chr. statt. Aufgrund von 1. Könige 6,1 setzen viele Forscher dieses Ereignis auf ca. 1450 v. Chr. an. Wenn man jedoch davon ausgeht, dass in den 480 Jahren, die in 1. Könige 6,1 genannt werden, die 114 Jahre Fremd- bzw. Usurpatorenherrschaft des Richterbuches bewusst nicht mitgerechnet worden sind, so kann man die Datierung des Auszugs aus Ägypten auf ca. 1560 v. Chr. ansetzen.

Vor einigen Jahren vermochte John Bimson mit seiner Arbeit über die Neudatierung des Exodus und der Landnahme unter Josua darzulegen, dass in der Archäologie des Nahen Ostens notwendige und relativ einschneidende Datierungsrevisionen für das 2. Jahrtausend v. Chr. vorgenommen werden müssen.[11] Bimsons Arbeit macht deutlich, dass im Zusammenhang mit der wissenschaftlichen Datierung dieser Ereignisse bisher noch nicht das letzte Wort gesprochen worden ist. Es ist auch wichtig zu wissen, dass die ägyptische Chronologie bruchstückhaft überliefert ist. Diverse Forscher bemühen sich zur Zeit um den Aufbau einer neuen Zeittabelle, die mit dem archäologischen Faktenmaterial aus Ägypten und Kanaan besser in Übereinstimmung steht als die traditionelle bibelkritische Datierung, bei der man den Exodus gar erst auf 1250 v. Chr. ansetzen wollte.[12]

Die Ergebnisse von Bimson zeigen, dass die Ereignisse des Exodus geschichtliche Tatsachen sind, die mit Mythen nichts zu tun haben.

Die moderne Archäologie hat eine Fülle von Material ans Licht gebracht, wodurch die geschichtliche Glaubwürdigkeit der biblischen Berichte auf höchst eindrückliche Weise bestätigt werden konnte. Die Ansicht, dass es sich hier vielfach um Legenden handle, kann heute aufgrund des erdrückenden Faktenmaterials nicht mehr ernsthaft vertreten werden.

Kenneth A. Kitchen, einer der führenden britischen Orientalisten, hat nachgewiesen, dass z. B. die bibelkritischen Thesen, mit denen manche die Glaubwürdigkeit der Bücher Mose zu untergraben suchten, heute als reine Schreibtischtheorien aus dem 19. Jahrhundert betrachtet werden müssen. Sie stehen in krassem Widerspruch zu den Daten und Fakten der modernen archäologischen Forschung im Nahen Osten.[13]

Israel in der Wüste

Während das ägyptische Reich den Zusammenbruch erlebte, gewann das Volk Israel die volle Befreiung aus der Unterdrückung. Unter der Leitung des Volksführers Mose zogen die Israeliten aus und gelangten in die Wüste Sinai (2. Mose 12–19).

Beim Berg Sinai erhielten sie die 10 Gebote (2. Mose 19–20). Diese Gebote, die quasi eine Zusammenfassung all der Hunderte von Geboten im Gesetz Mose sind, zeigen, was Gott vom Menschen erwartet.

Segen oder Fluch für Israel

Nach vierzigjähriger Wüstenwanderung (vgl. 4. Mose 1–36) gelangten die Israeliten über den Jordan ins verheissene Land (vgl. Josua 1–24). Doch zuvor hielt ihnen Mose im Land Moab (in Jordanien) noch acht ernste Reden. Sie sind im 5. Buch Mose schriftlich festgehalten. Mose rief das Volk zum konsequenten Befolgen des Wortes Gottes auf.

In 5. Mose 28 wird erläutert, dass das Wohl oder Wehe des Volkes Israel von ihrer Haltung gegenüber Gott und der Bibel abhängt. Wenn die Israeliten auf Gottes Wort hören, würde *Segen* über sie kommen (5. Mose 28,1–14). Im Fall von Ungehorsam sollte sie aber *Gottes Fluch* treffen (5. Mose 28, 15–68).

Während 1. Mose 12,1–3 einen Schlüssel zum Verständnis der Geschichte der Völker gibt (insoweit sie mit Israel in Verbindung steht), so hat man in 5. Mose 28 einen Schlüssel zum Verständnis der Geschichte Israels vom 2. Jahrtausend v. Chr. bis heute.

Kapitel 3

Israel und Assyrien

Unter der Leitung von Josua, dem Nachfolger von Mose, nahm Israel das Land Kanaan in Besitz. Es war tatsächlich ein wunderbares Land, oder um es mit den Worten aus 2. Mose 3,8 zu sagen: *«... ein gutes und geräumiges Land, ... ein Land, das von Milch und Honig fliesst».*

Leider zeigte die Geschichte der folgenden Jahrhunderte, dass das Volk Israel nur allzu leicht bereit war, sich von Gott und seinem Wort abzuwenden. Man lese dazu die Bücher Richter, Samuel, Könige und Chronika. Abwendung von dem «Gott der Herrlichkeit», der einst Abraham erschienen war, ist ein charakteristisches Kennzeichen der Zeiten, die auf Mose folgten. Als Alternative zur Verehrung des Schöpfers wurde immer und immer wieder die Verehrung der Schöpfung, und angeblicher kosmischer Kräfte in ihr, gewählt. Die Bibel nennt dies schlicht «Götzendienst» (2. Könige 17,12).

Die angedrohten Konsequenzen mussten über Israel kommen.

Weltmacht Nr. 1: Assyrien

Im 9. und 8. Jahrhundert v. Chr. stieg Assyrien zur grössten internationalen Militärmacht im Vorderen Orient auf. Alles zitterte vor diesem für seine Grausamkeit berüchtigten Grossreich.

Der Untergang des Nordreiches

Die Assyrer griffen das im Norden des Landes gelegene Zehnstämmereich Israel mehrmals an und richteten es um 722 v. Chr. völlig zugrunde (vgl. 2. Könige 17). Es kam zur

Deportation der israelitischen Bevölkerung. Diese führte im weiteren Verlauf der Geschichte schliesslich zu einer weltweiten Zerstreuung der zehn Stämme, deren Spuren im Einzelnen schwerlich zu verfolgen sind.

So erfüllte sich der Fluch aus 5. Mose 28,25: *«Der HERR wird dich geschlagen vor deinen Feinden dahingeben. Auf einem Weg wirst du gegen sie ausziehen, und auf sieben Wegen wirst du vor ihnen fliehen, und du wirst umhergetrieben werden in allen Königreichen der Erde.»*

Viele Propheten hatten das Nordreich Israel immer und immer wieder zur Umkehr zum Schöpfergott, der sich in der Bibel geoffenbart hatte, aufgerufen. Zugleich hatten sie vor der ansonsten unweigerlich drohenden Invasion der Assyrer ausdrücklich gewarnt (vgl. z. B. Jesaja 7,1–8,8; Hosea 10; 11,5; Micha 1,5ff.).

Durch die Archäologie wurden die eben genannten Ereignisse durch viele Funde, z. B. durch assyrische Dokumente, bestätigt.[14]

Assyriens Untergang

Waren die assyrischen Kämpfe gegen Israel «gerechte Kriege»? Weit gefehlt! Sie handelten aus Hass und in gewaltiger Selbstüberhebung (vgl. Jesaja 10,5–15). Deshalb musste die Abraham verheissene Fluchandrohung für Israels Feinde über Assyrien kommen:

Lediglich etwas mehr als hundert Jahre nach dem Untergang des Nordreiches Israel wurde das Assyrische Weltreich vollends zusammengeschlagen[15]. Um 612 v. Chr. wurde die Hauptstadt Ninive erobert. Der Prophet Nahum hatte dies alles detailliert in seinem drei Kapitel umfassenden Bibelbuch vorausgesagt. Auch Zephanja hatte sich darüber klar ausgedrückt (Zephanja 2,13–15).

Die Stadt Ninive galt als uneinnehmbar. Dies schien sich auch für die vereinigten Streitkräfte der Babylonier, Meder und Skythen zunächst zu bewahrheiten, als sie während zwei

Jahren diese gewaltige Stadt belagerten. Doch infolge einer Überschwemmung des Tigris, die sie durch Umleitungen des Flusswassers künstlich ausgelöst hatten, schlug das Wasser gewaltige Breschen in die Verteidigungsanlagen, und so konnte Ninive erobert werden. Nahums Prophetie erwähnte diese Begleitumstände ausdrücklich (Nahum 1,8; 2,6 und 3,14).

Um 609 v. Chr. wurde auch noch der letzte assyrische Widerstand in Haran gebrochen.

Assyrien erlebte die Wahrheit aus 1. Mose 12,3 in vollem Umfang: *«... und wer dir flucht, den werde ich verfluchen ...»*.

Kapitel 4

Juda und Babylon

Während das Nordreich der zehn Stämme Israels am Ende des 8. Jahrhunderts untergehen musste, blieb das Südreich «Juda» noch einige Zeit weiter bestehen. Doch das Südreich erwies sich keineswegs als gerechter im Vergleich zum Nordreich (vgl. 2. Könige 23,31–25,30 und 2. Chronika 36). Auch Juda gab sich völlig der Götzenverehrung hin. Zudem wurde «Gottes Wort» offen verlacht und verspottet (Jeremia 6,10; 8,9). Die Warnungen der Propheten vor einem kommenden Gericht durch die Babylonier wurden in den Wind geschlagen, die Chance zur Umkehr zum lebendigen Gott liess man ungenutzt vorübergehen (2. Chronika 36,12–16). Echte Reue und Hinwendung zu dem Gott der Bibel hätten das Schlimmste verhüten können. So aber kam es zwangsläufig, wie es schon Mose in seiner Ankündigung des Fluches vorausgesagt hatte. Während sich die in 5. Mose 28,25 erwähnte Deportation für die zehn Stämme erfüllen musste, traf Juda das etwas weiter unten in Vers 36 genannte Los:

«Der HERR wird dich und deinen König, den du über dich setzen wirst, zu einer Nation führen, die du nicht gekannt hast ...».

Die Babylonische Gefangenschaft

In den Jahren 605ff. v. Chr. führte Nebukadnezar, der Herrscher des damaligen «Irak», die Juden als Gefangene nach Babylonien, ins Zweistromland. Jerusalem, samt dem Tempel und den Königspalästen, wurde verwüstet (vgl. 2. Chronika 36,17ff.). Unzählige Juden verloren in diesem Krieg das Leben. Es war ein Krieg, in dem sich abgrundtiefer Hass gegen die Juden entfesseln konnte.[16]

Babylon erobert

Der babylonische Triumph über die Juden sollte nur von kurzer Dauer sein. Bereits um 538 v. Chr. eroberten die Perser und Meder in wenigen militärischen Aktionen das Babylonische Weltreich. Die Hauptstadt Babylon wurde dabei praktisch kampflos erobert! Die Priesterschaft Babylons war mit dem Perserkönig Kyros durch Absprachen verbündet. Mühelos konnte Kyros in die Hauptstadt des Babylonischen Weltreiches einmarschieren.

Belsazar, der stellvertretende Herrscher in Babylon, wähnte sich kurz zuvor noch derart sicher, dass er es in den Stunden vor der Eroberung wagte, ein gross angelegtes Fest zu lancieren, bei dem die Verhöhnung des Gottes Israels eine besondere Einlage bildete. Putschähnlich wurde er noch in der gleichen Nacht beseitigt (vgl. Daniel 5). Sein Vater Nabonid wurde nach Karmanien verbannt.[17]

Das glanzvolle Babylonische Reich, dessen Hauptstadt einst als uneinnehmbar galt, musste abtreten – und das lediglich einige Jahrzehnte, nachdem es triumphierend zur Weltmacht gekommen war. Dies alles geschah genau so, wie verschiedene biblische Propheten es klar und deutlich vorausgesagt hatten (z. B. Jeremia 25,12; Jesaja 47). Zudem erfüllte sich auch hier Gottes Wort an Abraham: *«... und wer dir flucht, den werde ich verfluchen»*.

Kapitel 5

Der Messias

Mit dem Aufstieg der Perser zur Weltmacht sahen sich die Bewohner des Nahen und Mittleren Ostens mit einer völlig neuen Politik konfrontiert. Kyros stellte die Gewohnheiten seiner Vorgänger auf den Kopf:

Bei den Assyrern und Babyloniern war es üblich, unterworfene Völker aus ihrem Ursprungsland wegzuführen. Durch Entwurzelung sollte der Wille zum Widerstand gebrochen werden.

Kyros jedoch liess einst deportierte Völker in ihre Heimat zurückkehren. Durch solche Gunsterweisungen sollte jeglichem Widerstandswillen der Wind aus den Segeln genommen werden.

Nach dem Untergang der babylonischen Weltherrschaft liess Kyros die Juden – d. h. alle, die den Wunsch verspürten – in ihre Heimat, die nunmehr eine persische Provinz war, zurückkehren (vgl. Esra 1).[18]

Tausende von Juden ergriffen die angebotene Gelegenheit zur Heimkehr. Ihrer wartete allerdings eine mühevolle Aufbauarbeit, die mit vielen Nöten und Schwierigkeiten verbunden war (vgl. die Bücher Esra und Nehemia). Bei den Heimkehrern handelte es sich vor allem um Leute aus der ärmeren Schicht.

Es gab aber auch viele Juden, die während des Babylonischen Exils zu Reichtum und Wohlstand gelangt waren. Diese Oberschicht zog es im Allgemeinen vor, im Gebiet von Babylonien zu bleiben.[19]

Ein grosser Trost für die Juden in Israel war das Wissen um das bald bevorstehende Kommen des verheissenen Messias. Viele alttestamentliche Abschnitte vermochten sie in dieser Hoffnung zu bestärken.

Medopersien und die Juden

Viele Herrscher des Medopersischen Weltreiches verhielten sich dem jüdischen Volk gegenüber wohlwollend. Doch unter der Herrschaft des Königs Xerxes (= «Ahasveros» in der Bibel), gelang es einem Minister um 474 v. Chr., ein Dekret zur Vernichtung aller Juden im gesamten Reichsgebiet herauszubringen. Man stelle sich in diesem Zusammenhang die Tatsache vor Augen, dass das Medopersische Reich damals von Indien bis nach Äthiopien reichte und 127 Provinzen umfasste (vgl. Esther 1,1–4)!

Das Buch Esther[20] beschreibt anschaulich, wie alles anders kam als geplant. Das Blatt wendete sich derart, so dass annähernd 76 000 Judenhasser ums Leben kamen! Es klingt wie ein Refrain: *«... und wer dir flucht, den werde ich verfluchen»*.

Noch einschneidender wurde dies Jahre später Wirklichkeit. In der Zeit der letzten Perserkönige (von Artaxerxes II. bis Darius III. Codomanus; 404–333 v. Chr.) ballten sich wieder dunkle Wolken über den Juden zusammen. In diesen Jahren kam es z. T. zu schweren antisemitischen Ausschreitungen im Medopersischen Reich.[21]

Die Zusage an Abraham fand durch Alexander den Grossen ihre dramatische Erfüllung: In den Jahren 336–323 v. Chr. eroberte er das gesamte medopersische Reichsgebiet. Das gewaltige und lange so mächtige Weltreich brach in unfassbar kurzer Zeit vollends zusammen!

Das Griechische Reich und die Juden

Durch die Eroberungen Alexanders des Grossen kam das Land Israel unter griechische Herrschaft. Alexanders Reich brach allerdings nach seinem Tod (323 v. Chr.) in mehrere Reiche auseinander.

Für Israel waren das Reich der Ptolemäer (Ägypten) und das Reich der Seleukiden (Syrien) in der folgenden Zeit von grösster Bedeutung. Wie ein Spielball wurde Israel von diesen beiden sich dauernd streitenden Grossmächten hin und her geworfen. Unsägliches Leid hatten die Juden in dieser Zeit zu erdulden, ganz besonders unter dem Seleukiden Antiochus IV. Epiphanes (175–163 v. Chr.). Er richtete scheussliche Blutbäder in Israel an.[22]

So mussten auch diese Reiche unter den Fluch kommen: Um 63 v. Chr. verschwand das Seleukidenreich durch die Eroberung der römischen Legionen. Das Ägyptische Reich fiel den Römern nach der Schlacht von Actium (31 v. Chr.) und Alexandrien (30 v. Chr.) endgültig in die Hände.[23]

«... und wer dir flucht, den werde ich verfluchen ...!»

Wann kommt der Messias?

Die für das jüdische Volk oftmals sehr schwere Zeit nach dem Babylonischen Exil stärkte das Sehnen nach dem kommenden Erlöser, dem Messias. Hunderte von Prophezeiungen im Alten Testament hatten ihn angekündigt.[24]

Der Prophet Daniel[25] hatte um 538 v. Chr. derart präzise Angaben über den Zeitpunkt seines Kommens gemacht, dass es den Juden der nachexilischen Zeit möglich war, die messianische Zeit zu berechnen.

Jesus von Nazareth erfüllte die Angabe Daniels über den Zeitpunkt des Kommens des Messias exakt. Aber nicht nur das, er erfüllte noch über 300 weitere messianische Prophezeiungen aus dem Alten Testament. Dieses Thema habe ich ausführlicher in meinem Buch «Erfüllte Prophetie» behandelt (genauere Angaben s. die Bibliografie im Anhang).

Es gibt hochinteressante antike Quellen von Tacitus, Sueton und Flavius Josephus, die deutlich machen, dass viele Juden damals offensichtlich in der Lage waren, die Jahrwochen Daniels zu berechnen, und dass diese Angaben sie genau in die Zeit des 1. Jahrhunderts n. Chr. führten.[26]

Der Tod des Messias

Daniel sagte auch voraus, dass der Messias ermordet werden sollte (Daniel 9,26):

«Und nach den 62 Jahrwochen wird der Messias ausgerottet werden und nichts haben.»

Jesus von Nazareth wurde unter Pontius Pilatus verurteilt und durch den Kreuzestod hingerichtet. Dies bestätigen verschiedene antike Quellen: nebst dem Neuen Testament u. a. auch Tacitus, Flavius Josephus und der Babylonische Talmud.[27]

Die Masse des jüdischen Volkes lehnte Jesus als Messias ab. Eine Minderheit nahm ihn an. Sie erkannten in Jesus von Nazareth die Erfüllung ihrer jüdischen Hoffnungen und Erwartungen.

Kapitel 6

Blut und Tränen

Daniel hatte nach der Ankündigung der Ermordung des Messias auch die Folgen der Verwerfung des Messias prophezeit (Daniel 9,26b):

«Und das Volk des kommenden Fürsten wird die Stadt und das Heiligtum zerstören ...»

Im Jahr 70 n. Chr. zerstörten die römischen Legionen während des überaus grausamen und brutalen «Jüdischen Krieges» die Stadt Jerusalem mitsamt dem unvorstellbar prachtvollen Tempel.[28]

Der Fluch aus dem Gesetz Mose

In der Fluchankündigung in 5. Mose 28 wurden nicht nur die Zerstreuung des Nordreiches und die Wegführung der Juden aus dem Südreich nach Babylon vorausgesagt (28,25 und 36). In Vers 64 wurde noch eine dritte Phase des Gerichts angekündigt, die sich in der weltweiten Zerstreuung der Juden nach dem Jahr 70 n. Chr. erfüllt hat. Es findet sich in den Versen 45–68 eine erschütternde prophetische Beschreibung des jüdischen Schicksals vom 1. bis zum 20. Jahrhundert.[29]

Die Verse 64–67 lauten folgendermassen:

«Und der HERR wird dich unter alle Völker zerstreuen, von einem Ende der Erde bis zum anderen Ende der Erde ...

Und unter jenen Nationen wirst du nicht rasten, und deine Fusssohle wird keine Ruhestätte finden. Und der HERR wird dir dort ein zitterndes Herz geben, Erlöschen der Augen und Verschmachten der Seele. Und dein Leben wird schwebend vor dir hangen, und du wirst dich fürchten Nacht und Tag und wirst deinem Leben nicht trauen. Am Morgen wirst du sagen: Wäre es doch Abend! und am Abend wirst du sagen: Wäre es doch Morgen! Wegen der Furcht deines Herzens, womit du dich fürchten, und wegen des Anblicks deiner Augen, den du erblicken wirst.»

Der Grund

Der Grund für diese Fluchandrohung wurde in Vers 45 genannt:

«... weil du der Stimme des HERRN, deines Gottes, nicht gehorcht hast, seine Gebote und seine Satzungen zu beobachten, die er dir geboten hat».

Mose hatte im Gesetz ausdrücklich geboten, dass das Volk Israel auf den Propheten, den der HERR senden würde, hören müsse (5. Mose 18,18–19):

«Einen Propheten, gleich dir, will ich ihnen aus der Mitte ihrer Propheten erwecken. Und ich will meine Worte in seinen Mund legen, und er wird zu ihnen reden alles, was ich ihm gebieten werde. Und es wird geschehen, der Mann, der nicht hört auf meine Worte, die er in meinem Namen reden wird, von dem werde ich es fordern.»

Der Messias sollte der grösste aller Propheten sein. Die Ablehnung seiner Person und seiner Botschaft würde ein flagranter Verstoss gegen das Gesetz Mose bedeuten. Zwingend müsste dies den Fluch aus 5. Mose 28 zur Folge haben.

Jesus von Nazareth wurde von der Masse seines Volkes abgelehnt, verworfen und gekreuzigt. Etwa 40 Jahre nach seiner Kreuzigung wurden Jerusalem und der Tempel verwüstet und das jüdische Volk wurde in der Folge über die ganze Welt, in alle fünf Kontinente, zerstreut. Wie genau hat sich die zum Zeitpunkt des «Jüdischen Krieges» etwa 1500 Jahre alte Prophetie aus 5. Mose 28,64 erfüllt!

Nicht nur das, auch all die übrigen in den Versen 45–68 angekündigten Leiden haben sich während den vergangenen bald 2000 Jahren auf zutiefst erschütternde Art und Weise erfüllt.

Einige Ereignisse aus dem jüdischen Leidensweg

Wenn im Folgenden einige wichtige Ereignisse aus dem langen jüdischen Leidensweg seit 70 n. Chr. zusammengestellt werden, so muss deutlich betont werden, dass es sich nur um eine *Auswahl* handelt.[30]

70 n. Chr.	Jüdischer Krieg in Jerusalem: ca. 1 100 000 Juden verlieren das Leben
115–117	Zypern, Ägypten, Kyrene, «Palästina», Mesopotamien (Revolte gegen Römer): Hunderttausende von Juden getötet, 40 000 aus Zypern vertrieben
132–135	Aufstand unter Bar Kochba: Kaiser Hadrian liess etwa 530 000 Juden brutal erschlagen, an den Folgen des Krieges (Hunger etc.) starben nochmals etwa 500 000 Menschen
415	100 000 Juden aus Alexandria beraubt und verjagt
499	Grausame Verfolgungen in Persien
581	Verfolgungen in Babylonien und Persien
632	Vertreibung aus Arabien durch die Moslems
640, 721, 873 u. 930	Bedrängung der Juden im Byzantinischen Reich
1015	In Kairo 12 000 Juden getötet
1033	In Fez (Marokko) mehr als 6000 Juden getötet
1066	In Granada mehr als 5000 Juden getötet
1096	Im Rheinland 12 000 Juden getötet
1099	Massaker unter den Juden in Jerusalem
1146	Bedrängung der Juden in Spanien
1150	Massive Judenverfolgung in Tunesien
1232	Massakrierung der Juden in Marakesh und Judenverfolgung in ganz Marokko
1236	In Frankreich 3000 Juden getötet
1270	Massive Judenverfolgung in Tunesien
1290	Vertreibung der Juden aus England (ca. 370 000)

1298	100 000 Juden im Frankenland und in Bayern ermordet
1306	Vertreibung der Juden aus Frankreich
1348/49	Zeit der Pest: in Europa 1 000 000 Juden massakriert[31]
1355	Massaker an 12 000 Juden in Toledo (Spanien) durch den arabischen Mob
1345–1360	Vertreibung der Juden aus Ungarn
1391–1397	Massaker an den Juden in Spanien
1391	In Palma 50 000 Juden ermordet
1420	Vernichtung der jüdischen Gemeinde in Toulouse (Frankreich)
1421	Vertreibung der Juden aus Österreich
1492	Vertreibung von 160 000 Juden aus Spanien
1495	Vertreibung der Juden aus Litauen
1497	Vertreibung der Juden aus Sizilien, Sardinien und Portugal
1502	Juden aus Rhodos bedrängt, vertrieben und versklavt
1541	Vertreibung der Juden aus dem Königtum Neapel
1648–1656	Durch die Chmielnicki-Massaker in Polen 100 000 Juden ermordet
1727, 1747	Vertreibungen aus Russland
1785	Blutige Judenverfolgung in Libyen
1864–1880	In Marokko mehr als 500 Juden ermordet
1871–1921	Massive Judenverfolgungen in vielen Städten Russlands
1939–1945	Ermordung von 6 000 000 Juden durch die deutschen Nazis und ihre zahlreichen europäischen Kollaborateure

Ein erschütterndes Totalergebnis:

In der Zeit von 70 n. Chr. bis ins 20. Jahrhundert wurden über 13 000 000 Juden umgebracht![32]

Die Verwüstung des Landes

Auch über das Land Israel sollte gemäss der Androhung im Gesetz Mose ein Fluch kommen, wenn das Volk nicht auf Gottes Stimme hören würde (3. Mose 26,32–33):

«Und ich werde das Land verwüsten, so dass eure Feinde, die darin wohnen, sich darüber entsetzen werden. Euch aber werde ich unter die Nationen zerstreuen, und ich werde das Schwert ziehen hinter euch her. Und euer Land wird eine Wüste werden, und eure Städte werden eine Trümmerstätte sein.»

Im Bar Kochba-Krieg (132–135 n. Chr.) zerstörten die Römer 985 Städte in Israel.[33] Römische und jüdische Quellen berichten von schrecklichen Verwüstungen des Landes in dieser Zeit.[34] Zwischen 636 und 640 eroberten die Heere des Islam das gesamte Heilige Land. Der nichtmoslemischen Bevölkerung wurde eine schwere und demütigende «Hundesteuer» auferlegt, die eine schnelle Entvölkerung zur Folge

Der Titusbogen: Die Legionen des römischen Feldherrn und nachmaligen Kaisers Titus führen nach der Zerstörung Jerusalems jüdische Gefangene im Triumphzug durch Rom. Man beachte den aus dem Tempel geraubten siebenarmigen Leuchter.

hatte. Im Lauf der Zeit sank das Land der Bibel zu einem öden Landstrich ab. Die fruchtbarsten Gebiete, die Talebene Jesreel, das Jordan-Tal und auch das Küstengebiet (von Akko bis Jaffa) verwandelten sich in malariaverseuchtes Sumpfland. Die waldbedeckten Berge des Landes Israel wurden auf unsinnige Weise abgeholzt, die Strassen zerfielen und die Wüste griff im ganzen Land um sich.[35]

Mark Twain besuchte 1867 das Land der Bibel. Sein Bericht macht betroffen: «Von allen trostlosen Gegenden ist, glaube ich, Palästina die ödeste. Die Hügel sind kahl, von einer stumpfen Farbe und haben nichts Malerisches an sich. Die Täler sind unansehnliche Einöden, an deren Rand einige kümmerliche Sträucher wachsen und den Eindruck von Trauer und Verzweiflung wecken. Das Tote Meer und der See Genezareth liegen starr in einer monotonen Abfolge von Hügeln und Ebenen, wo das Auge von keiner freundlichen Farbe erquickt wird; es findet nichts, was es fesselt; es ist keine liebliche Landschaft … Die Umrisse sind hart, jede Linie zeichnet sich scharf ab, und es gibt keine Perspektive … Es ist ein trostloses Land, ohne Hoffnung, gebrochen.»[36]

Kapitel 7

Hoffnung für Israel

Hat Gott sein Volk Israel vergessen und aufgegeben? Diese Frage kann entschieden und nachdrücklich verneint werden. Im Neuen Testament wird z. B. in Römer 9–11 eindeutig der Nachweis erbracht, dass Israel nach Gottes Plan noch eine herrliche Zukunftshoffnung hat.

«Gott hat sein Volk, das er zuvor erkannt hat, nicht verstossen» (Römer 11,2a).

«Denn die Gnadengaben und Berufungen Gottes sind unbereubar» (Römer 11,29).

Genauso wie die Propheten im Alten Testament die weltweite Zerstreuung der Juden als Folge der Verwerfung des leidenden Messias vorausgesagt haben, so haben sie auch eine Rückführung der Juden aus aller Welt angekündigt. Hesekiel z. B. schrieb im 6. Jahrhundert v. Chr., also vor etwa zweieinhalb Jahrtausenden, und bereits viele Jahrhunderte vor der weltweiten Zerstreuung der Juden:

«So spricht der Herr, der Ewige: Siehe, ich werde die Kinder Israel aus den Nationen herausholen, wohin sie gezogen sind, und werde sie von ringsumher sammeln und in ihr Land bringen» (Hesekiel 37,21).

«Ich werde euch aus den Nationen holen und euch sammeln aus allen Ländern und euch in euer Land bringen» (Hesekiel 36,24).

«So spricht der Herr, der Ewige: Ja, ich werde euch aus den Völkern sammeln und euch zusammenbringen aus den Ländern, in die ihr zerstreut worden seid, und ich werde euch das Land Israel geben» (Hesekiel 11,17).

Jeremia schrieb noch etwas früher als Hesekiel:

«Darum siehe, Tage kommen, spricht der Ewige, da nicht mehr gesagt werden wird: So wahr der Ewige lebt, der die Kinder Israel aus Ägypten heraufgeführt hat! sondern: So

wahr der Ewige lebt, der die Kinder Israel heraufgeführt hat aus dem Land des Nordens und aus all den Ländern, wohin er sie vertrieben hatte!

Und ich werde sie in ihr Land zurückbringen, das ich ihren Vätern gegeben habe» (Jeremia 16,14–15).

Auch andere alttestamentliche Propheten haben dieselbe Zukunftshoffnung ausgesprochen. Es könnten daher noch viele weitere Stellen aus der Heiligen Schrift angeführt werden.

Ist die Klarheit und Eindeutigkeit dieser Prophezeiungen nicht beeindruckend? Besonders im 20. Jahrhundert hat sich die Wahrheit dieser alten Verheissungen zu erfüllen begonnen. Heute noch erfüllen sie sich vor unseren Augen!

Bis jetzt sind Juden aus über 120 Ländern nach Israel zurückgekehrt!

In der zuletztgenannten Jeremiastelle wird «das Land des Nordens» besonders hervorgehoben. Von Israel aus gesehen passt dieser Ausdruck ausgezeichnet auf das Gebiet der Sowjetunion bzw. GUS, woher in den letzten Jahren nun schon Hunderttausende von Juden nach dem Land ihrer Väter eingewandert sind. Noch viel mehr Einwanderer werden von dorther für die nächsten Jahre erwartet.

Wir haben das Vorrecht, in dieser Zeit des weltweiten Exodus der Juden zu leben und die Wahrheit alter Prophetenworte als Augenzeugen zu erleben. Dieser Exodus ist gemäss Jeremia mit dem Auszug aus Ägypten an heilsgeschichtlicher Bedeutung durchaus zu vergleichen.

Das lange Exil

Gegen 2000 Jahre waren die Juden in einer weltweiten Zerstreuung, ohne eine Nation mit einer eigenen Regierung zu sein.

Auch mussten sie seit 70 n. Chr. auf den geografischen Mittelpunkt ihres Gottesdienstes verzichten. Alle Bemühungen, den Tempel in Jerusalem je wieder aufzubauen, sind erfolglos geblieben. Weil die Thora (das Gesetz Mose)

Schlachtopfer nur in Verbindung mit dem Tempel in Jerusalem zulässt,[37] musste das Judentum seither auf den von der Bedeutung her so zentralen Opferdienst ganz verzichten.

Der Prophet Hosea (8. Jh. v. Chr.) hatte sich dazu folgendermassen ausgedrückt:

«Die Kinder Israel werden viele Tage ohne König bleiben und ohne Fürsten, und ohne Schlachtopfer ...» (Hosea 3,4).

Seit der Staatsgründung von 1948 haben die Juden nun wieder eigene Herrscher («Fürsten»).

Seit dem «Sechstagekrieg» von 1967 sind die Juden wieder im Besitz des Tempelberges in Jerusalem (= der Berg, wo die Omar-Moschee steht). Bis heute konnte jedoch der jüdische Tempel nicht wieder aufgebaut werden, wiewohl der Wunsch für dieses Unternehmen bei manchen sehr gross ist. Gemäss der biblischen Prophetie wird es in der Zukunft noch dazu kommen. Die Tatsache, dass Gott es so lange nicht zugelassen hat, spricht aber eine tiefsinnige Sprache. Gott macht dadurch deutlich, dass seit dem Opfertod von Jesus Christus am Kreuz von Golgatha das Sündenproblem gelöst ist – für jeden, der an den von Gott gesandten Erlöser glaubt. Für Sünd- und Schuldopfer[38] besteht keine Notwendigkeit mehr. Wer seine persönliche Schuld Gott bekennt (1. Johannes 1,9) und auf Gottes Zusage vertraut, dass das geflossene Blut von Jesus Christus von jeder Sünde reinigt (1. Johannes 1,7), erhält vollkommene Vergebung – ganz in Übereinstimmung mit Jesaja 53, dem Kapitel, das vom leidenden Messias spricht, der als stellvertretendes Opfer leiden sollte. (Der grosse rabbinische Kommentator Abrabanel sagte übrigens von dieser Stelle, dass alle alten rabbinischen Kommentatoren diesen Abschnitt messianisch gedeutet haben.[39])

Der Wert und die Bedeutung des ein für allemal geschehenen Opfers von Jesus Christus wird durch das Aufhören der Opfer in Jerusalem eindrücklich hervorgehoben.

Aus dem Babylonischen Talmud, Traktat Joma 39b, geht hervor, dass die Opfer in Jerusalem ab 40 Jahren vor der Zerstörung des Tempels ihre Anerkennung vor Gott verloren haben.[40] Warum wohl? Gerade etwa 40 Jahre vor der Zerstörung starb Jesus Christus als Opfer am Kreuz, ausserhalb der Tore Jerusalems. Er erfüllte damit die auf ihn hinweisenden Opfer des Gesetzes Mose. Somit wurden diese Opfer von da an hinfällig – und verloren ihre Kraft und Bedeutung.

Zur Vorgeschichte der Staatsgründung

Im August 1897 fand der erste Zionisten-Kongress in Basel statt. Theodor Herzl eröffnete die internationale Zusammenkunft mit folgenden Worten:

«Wir sind ein Volk. Alle Völker haben eine Heimat. Auch wir brauchen eine Heimat für unser Volk. Darum wollen wir den Grundstein legen zu dem Haus, das dereinst die jüdische Nation beherbergen wird.»[41]

Im «Baseler-Programm» wurde u. a. festgehalten:

«Der Zionismus erstrebt für das jüdische Volk die Schaffung einer öffentlich rechtlich gesicherten Heimstätte in Palästina.»[42]

Die politische Situation von damals liess diese Pläne als völlig absurd erscheinen. In dieser Zeit gehörten umfassende Gebiete des Nahen Ostens zum Osmanischen Reich. Dieses islamische Regime hatte absolut kein Interesse an einem Judenstaat auf ihrem Grund und Boden.

Landkäufe unter Abdul Hamid II.

Besondere geschichtliche Umstände führten jedoch dazu, dass viele Juden in Palästina Land kaufen konnten. Der türkische Sultan Abdul Hamid II. war schwer verschuldet. Theodor Herzl machte ihm das Angebot, die türkischen Finanzen durch jüdische Banken zu sanieren – falls im Gegenzug jüdische Einwanderer in Palästina Boden erwerben und Siedlungen gründen dürften. Dadurch, dass der Sultan auf diesen Plan einstieg, konnten in der Folge Tausende von Juden auf legale Art und Weise kleinere und grössere Ländereien erwerben. Der Prophet Jeremia hatte dies schon längst vorausgesehen:

«Siehe, ich werde sie aus allen Ländern sammeln, wohin ich sie vertrieben habe in meinem Zorn und in meinem Grimm und in grosser Entrüstung. Und ich werde sie an diesen Ort zurückbringen …

Denn so spricht der HERR: Gleichwie ich über dieses Volk all dieses grosse Unglück gebracht habe, so will ich über sie all das Gute bringen, das ich über sie rede. Und es sollen Felder gekauft werden in diesem Land, von dem ihr sagt: 'Es ist öde, ohne Menschen und ohne Vieh, es ist in die Hand der Chaldäer gegeben.' Man wird Felder um Geld kaufen und Kaufbriefe schreiben und sie versiegeln und Zeugen nehmen im Land Benjamin und in den Umgebungen von Jerusalem und in den Städten Judas, sowohl in den Städten des Gebirges als auch in den Städten der Niederung und in den Städten des Südens. Denn ich werde ihre Gefangenschaft wenden, spricht der HERR» (Jeremia 32,37.42–44).

Die Balfour-Erklärung

Während des 1. Weltkrieges wurde das Osmanische Reich durch die Engländer und die Franzosen zerschlagen. Noch während des Krieges versprachen die Briten, sich für die Verwirklichung eines jüdischen Staates in Palästina einzusetzen. In der so genannten Balfour-Erklärung vom 2. November 1917 (sie kann heute im Britischen Museum bewundert werden), wurde dieses feierliche Versprechen schriftlich niedergelegt. Es heisst dort u. a.:

«Die Regierung seiner Majestät betrachtet die Errichtung einer nationalen Heimstätte in Palästina für das jüdische Volk mit Wohlwollen und wird nach besten Kräften bemüht sein, die Verwirklichung dieses Vorhabens zu erleichtern.»

Mit «Palästina» bezeichnete man damals das Gebiet, das heute Israel, die besetzten Gebiete und Jordanien umfasst.

Foreign Office,
November 2nd, 1917.

Dear Lord Rothschild,

I have much pleasure in conveying to you, on behalf of His Majesty's Government, the following declaration of sympathy with Jewish Zionist aspirations which has been submitted to, and approved by, the Cabinet.

"His Majesty's Government view with favour the establishment in Palestine of a national home for the Jewish people, and will use their best endeavours to facilitate the achievement of this object, it being clearly understood that nothing shall be done which may prejudice the civil and religious rights of existing non-Jewish communities in Palestine, or the rights and political status enjoyed by Jews in any other country".

I should be grateful if you would bring this declaration to the knowledge of the Zionist Federation.

Yours sincerely,

Arthur James Balfour

Balfour-Erklärung, heute im Britischen Museum.

Auf der Pariser Friedenskonferenz 1919 wurde von Emir Feisal, dem Führer der arabischen Nationalbewegung, und Dr. Chaim Weizmann, dem Führer der zionistischen Bewegung, ein Abkommen unterzeichnet, dessen Ziel in der Errichtung zweier souveräner Staaten in «Palästina» bestand.

Ein jüdischer und ein arabischer Staat sollten nebeneinander in gegenseitiger Anerkennung existieren.

1922 erteilte der Völkerbund Grossbritannien das Mandat über «Palästina», um dieses Land zu verwalten, bis das Ziel, die Bildung souveräner Staaten in diesem Gebiet, erreicht wäre.

Noch im selben Jahr grenzte Grossbritannien das palästinensische Gebiet östlich des Jordans für einen späteren arabischen Staat ab. Sie setzten Abdullah zum Herrscher über Transjordanien ein.

1946 erhielt dieses Territorium seine formelle Unabhängigkeit. Der Emir Abdullah wurde König von Jordanien. Damit wurde eine jüdische Besiedlung in diesem Gebiet von vornherein ausgeschlossen. Mit dieser ersten Teilung verblieben den Juden noch etwa 20 % der Landfläche für die Errichtung einer Heimstätte. 80 % gingen an die Araber.

Am 29. November 1947 wurde von der UNO ein weiterer Teilungsplan verabschiedet, der den Juden von der restlichen Landfläche noch lediglich 55 % zugestand. Das übrige Territorium sollte das Staatsgebiet für einen weiteren unabhängigen arabischen Staat im einstigen «Palästina» bilden.

Das jüdische Gebiet umfasste grösstenteils Wüstenland und war zudem zur Hälfte von Arabern besiedelt. Schweren Herzens akzeptierten die Juden den Plan. Die Araber lehnten ihn rundweg ab. Der Islam kann keine jüdische Enklave akzeptieren, auch wenn sie noch so klein wäre.

Die Staatengründung Israels

Am 14. Mai 1948, kurz vor Beginn des Schabbath, kamen im Kunstmuseum in Tel Aviv etwa 400 Personen zusammen. David Ben Gurion erhob sich und verlas am Mikrofon die Mitteilung:

«Hier Staat Israel! Es spricht Ben Gurion, erster Ministerpräsident von Israel. 2000 Jahre haben wir auf diese Stunde gewartet, und nun ist es geschehen. Wenn die Stunde erfüllt ist, kann nichts Gott widerstehen.»[43]

Am Schluss der Zusammenkunft erhob sich ein Rabbiner und betete u. a. mit folgenden Worten: «Baruch atta, adonaij elohejnu, melech ha'olam shehecheijanu weqijmanu wehigij'anu lazman hazeh». Zu Deutsch heisst das etwa: «Gepriesen seist du, o Herr, unser Gott, der du uns am Leben erhalten und uns Ausdauer verliehen hast, und der du uns geführt hast bis hin zu diesem Zeitpunkt.»

Frau Golda Meir, die damals auch unter den Anwesenden war, schrieb später, dass dieses altbekannte jüdische Gebet für sie noch nie eine so tiefe Bedeutung gehabt habe wie gerade in diesem Moment (etwa 3 Jahre nach der Judenvernichtung durch die Nazis). Wen wundert's, dass wohl viele der versammelten Juden Tränen in den Augen hatten?

Der 14. Mai 1948

Am 14. Mai, einige Stunden nach der Proklamation des Staates Israel, erklärten sieben arabische Nationen Israel den «Djihad», den «Heiligen Krieg». 100 Millionen Araber wollten den eben geborenen Staat Israel mit 650 000 Juden vernichten. Die Feinde Ägypten, Syrien, Jordanien, Libanon und Irak stürzten sich mit ihren offiziellen Armeen, unterstützt durch Kontingente aus Saudi-Arabien und Jemen, an drei Fronten auf Israel.

David Ben Gurion proklamiert am 14. Mai 1948 den neuen Staat Israel in Tel Aviv. Darüber das Bild Theodor Herzls.

Assam Pascha, der Generalsekretär der Arabischen Liga, erklärte noch am selben Tag in Kairo:

«Es wird ein absoluter Ausrottungskrieg werden, ein entsetzliches Massaker, von dem in der Geschichte einmal gesprochen werden wird wie von den Kreuzzügen und den Blutbädern der Mongolen.»[44]

Israel besass damals noch keine offizielle Armee und auch keine schweren Waffen.

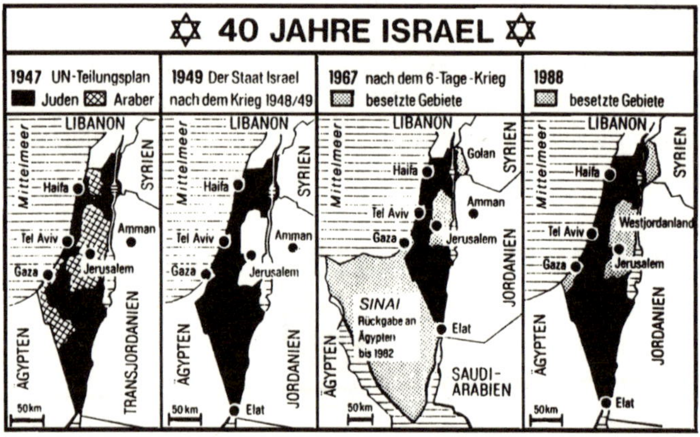

Die Abrahams-Verheissung immer noch aktuell

Dieser grausame und aufreibende Krieg dauerte sieben Monate. Auf Drängen der UNO kam es am 7. Januar 1949 zu einem Waffenstillstandsabkommen mit Ägypten, Jordanien, dem Libanon und Syrien. Dabei ist das Unglaubliche Wirklichkeit geworden: *Israel konnte nicht vernichtet werden.* Vielmehr ging Israel als Sieger aus dem Kampf hervor. Das Staatsgebiet wurde durch den Krieg erheblich erweitert.

Menschlich gesehen, ist es unbegreiflich, wie Israel diese gewaltige Übermacht seiner Feinde zurückschlagen konnte. Doch wir sehen hier, dass die 4000 Jahre alte Verheissung an

Abraham auch im 20. Jahrhundert und bis heute immer noch gültig ist: *«... und wer dir flucht, den werde ich verfluchen.»*

Durch das arabische Fiasko kamen diverse für diesen Krieg verantwortliche Regierungen unter den Hammer der tiefsten Unzufriedenheit. Syrien, Ägypten und der Irak wurden durch Revolutionen erschüttert.

Nicht nur im «Unabhängigkeitskrieg» von 1948/49, sondern auch in allen weiteren Existenzkriegen hat sich die Abrahams-Verheissung bewahrheitet. So im «Sinai-Krieg» (1956), im «Sechstagekrieg» (1967), im «Jom-Kippur-Krieg» (1973) und sogar im «Libanon-Krieg» (1982).

Teil 2

BABYLON CONTRA JERUSALEM

Kapitel 8

Von Nebukadnezar bis Saddam Hussein

Während des Golfkrieges hatte das Volk Israel erneut unter einer massiven militärischen Aggression zu leiden. *39* Scud-Raketen wurden durch den Irak auf Israel abgeschossen. Es entstand immenser Sachschaden. Doch die extrem geringe Zahl der Todesopfer steht in keinem Verhältnis zur Wucht der Attacken. Militärexperten berechneten, dass die 39 Scud-Raketen bis zu *180 000* Menschenleben hätten fordern können. Erkennt man hierin nicht ein Wunder göttlicher Bewahrung?

Eine der insgesamt 39 Scud-Raketen, die aus dem Irak auf Israel abgefeuert wurden. Diese schlug im Einkaufszentrum «Miphraz» in Haifa ein. Das Geschoss wurde wieder zusammengebastelt und dient heute als Erinnerung an die Schreckenstage.

Saddam Hussein, der Herrscher des Irak, identifiziert sich selbst mit den mächtigen Regenten des alten Babylonien.[45]

Besonders König Nebukadnezar ist sein grosses Vorbild. Nebukadnezar vermochte durch seine gewaltigen militärischen Eroberungen die Vormacht im Nahen Osten zu erlangen. Wir haben gesehen, dass es diesem Mann dabei gelungen war, in den Jahren 605ff. v. Chr. den jüdischen Staat zu verwüsten.

Saddam Husseins erklärtes Lebensziel besteht in der Nachahmung der militärischen Leistungen des babylonischen Herrschers Nebukadnezar.

Babylon erwacht

Wie ernsthaft sich Saddam Hussein als Nachfolger Nebukadnezars betrachtet, wird z. B. allein schon durch die Tatsa-

Saddam Hussein sieht sich als Nachfolger Nebukadnezars.

Babylonische Chronik mit Bericht über die Eroberung Jerusalems 597 v. Chr.

che verdeutlicht, dass er grosse Opfer aufgebracht hat, um die alte Stadt Babylon am Euphrat wieder zu Glanz zu bringen. Selbst während des kostspieligen Krieges mit dem Iran scheute er sich nicht, gewaltige Finanzen in ihren Wiederaufbau zu investieren.

Mit dem Wiederaufbau der Stadt Babylon bzw. Babel wurde 1978 begonnen.[46] Bis zum Februar 1990 sind bereits mehr als 60 Millionen Steine für den Wiederaufbau verwendet worden. So ist, um einige Beispiele zu nennen, der prächtige Südpalast Nebukadnezars nun wieder erstanden, ferner ein Teil der Stadtmauern und diverse Tempel (der Ischtar-, der Nabu- und der Ninmah-Tempel).

Auf unzähligen Ziegeln, die in Babylon aufgeschichtet wurden, liess Saddam Hussein die Inschrift anbringen: «Erbaut in der Zeit Saddams».

Zur Geschichte Babylons

Nebukadnezar war ein gewaltiger Baumeister. Er verstand es, seine Hauptstadt Babylon zu einem wahren Weltwunder antiker Baukunst zu erheben (vgl. Daniel 4,30). Die moderne Archäologie konnte aufzeigen, dass Babylon eine Stadt von schier unbeschreiblicher Majestät war.[47]

Doch im Herbst 538 v. Chr. wurde Babylon durch die medopersische Armee des grossen Königs Kyros erobert. Kyros verwüstete Babylon aber keineswegs, er machte es vielmehr zur dritten Hauptstadt des Medopersischen Weltreiches. Nunmehr war Kyros der «König von Persien» (Esra 4,3), auch «König von Babylon» (Esra 5,13).[48]

Zu diesem Zeitpunkt erfüllte sich die Prophetie über Babylonien in Daniel 7,4:

Babylonien sollte gedemütigt und unterjocht, aber keinesfalls zerstört und verwüstet werden.[49]

Babylon blieb übrigens auch nach der Eroberung durch Kyros eine blühende Stadt. Unter der Herrschaft von Darius I. (522–486 v. Chr.) revoltierten die Bürger der Stadt Babylon gegen ihre Beherrscher. Darius konnte die Revolte niederschlagen. In der Folge liess er die Stadtmauern und ihre Tore niederreissen.[50] Gegen einen weiteren Aufstand ging Xerxes I. im Jahr 478 v. Chr. massiv vor.[51] Er zerstörte dabei den Bel-Tempel.

Um 331 v. Chr. eroberte Alexander der Grosse Babylon. Er war beeindruckt von dieser Stadt. Er hegte den Plan, Babylon zur östlichen Hauptstadt seines Reiches zu machen. So setzte er 10 000 Soldaten ein, um die Stadt wieder aufblühen zu lassen. Er machte sich auch daran, den Turm von Babel wieder aufzubauen – doch da befiel ihn die Malaria, so dass er starb, ohne seine Pläne durchführen zu können.[52]

Um 312 v. Chr. eroberte Seleukos I. Babylon. Einige Zeit später gründete er am Tigris eine neue Hauptstadt: Seleukia. Dadurch verlor die Stadt Babylon ihre wirtschaftliche und politische Bedeutung und verfiel immer mehr. Doch ihre religiöse Bedeutung konnte sie trotzdem noch länger halten. Verschiedene Tempel, so z. B. der Marduk-Tempel, blieben weiter in Betrieb. Selbst um 139 v. Chr., als die Parther die Griechen verdrängten, war Babylon immer noch ein religiöses Zentrum.[53]

Der Geschichtsschreiber Dio wird vielfach zitiert, um die Behauptung aufzustellen, dass Trajan, als er im Jahr 116 n. Chr. Babylon besucht hatte, dort nichts als «Gräber, Steine und Ruinen» gesehen habe. Dio will aber nur einen Eindruck enttäuschter Erwartungen weitergeben. Nach seinen Angaben war Trajan nämlich mit der grossen Hoffnung ins Zweistromland gekommen, dort grossartige und blendende Bauwerke zu Gesicht zu bekommen. Welch eine Enttäuschung, als Trajan feststellen musste, dass er dafür zu spät nach Babylon gekommen war! Man beachte in diesem Zusammenhang aber, dass Dio in seinem Bericht wirklich nicht den Eindruck erweckt, dass Babylon damals absolut menschenleer gewesen wäre.[54]

Die Mitteilungen von Dio müssen unbedingt in Verbindung mit dem Zeugnis von Pausanias gesehen werden, damit man einen richtigen Eindruck von der Situation Babylons in dieser Zeit bekommt. Pausanias stammte aus Kleinasien und wirkte zwischen 160 und 180 n. Chr. als Schriftsteller. Er berichtet, dass zu seiner Zeit die Mauern Babylons und auch der Tempel des Bel (Marduk) noch standen.[55]

Der Jude Benjamin von Tudela besuchte Babylon im 12. Jahrhundert. Er berichtet von einer Synagoge dort, die noch aktiv in Betrieb war. Nach seinen Angaben lag sie etwa zwei Kilometer entfernt von den Ruinen des Tempels von Nebukadnezar (möglicherweise meinte er damit den Marduk-Tempel).[56]

Als der deutsche Archäologe Koldewey am Ende des 19. Jahrhunderts Babylon besuchte, war Babylon nicht unbewohnt. Er fand dort mehrere Dörfer bei den Ruinenfeldern: Kuäresch, Dschimdschime, Sindschar und Ananeh.[57]

Erwähnenswert ist zudem die Tatsache, dass die etwa 6 Kilometer südlich der babylonischen Trümmerfelder liegende Stadt Al Hillah z. T. aus Ziegeln der alten Ruinen Babylons aufgebaut worden war.[58] 1965 hatte Hillah 75 000 Einwohner, heute sind es etwa 215 000.[59]

Wir sehen: Während vieler Jahrhunderte existierte die Stadt Babylon weiter, bis in unsere Zeit – bis die Regierung des Irak beschloss, diese einstige Metropole wiederzubeleben und ihr neue Herrlichkeit zu verleihen.

Babylon in der Prophetie

Die Propheten Jesaja und Jeremia haben ausführlich über die Zukunft Babylons gesprochen (vgl. Jesaja 13–14 und Jeremia 50–51). Beide Propheten kündigten den totalen und endgültigen Untergang Babylons an.[60]

Jesaja wirkte um 740–680 v. Chr., Jeremia trat etwas später als Sprachrohr Gottes auf, nämlich um 627–580 v. Chr.

Diese Prophezeiungen aus den genannten Kapiteln sind also über 2½ Jahrtausende alt. Doch in unserer Zeit haben sie plötzlich unerwartete Aktualität erhalten.

Wir lesen in Jeremia 50,45: *«Darum hört den Ratschluss des HERRN, den er über Babylonien beschlossen hat, und seine Gedanken, die er denkt über das Land der Chaldäer!»*

Wollen wir hören, was die Bibel über Babylonien, das Land der Chaldäer, das Land der Iraker, vorausgesagt hat?

Einige sprachliche Bemerkungen

Im hebräischen Text des AT steht für «Babylon», «Babylonien» oder «Babel» jeweils das Wort «Babel».

«Babylon» ist die *griechische Namensform* für das *hebräische* «Babel».[61]

Es ist wichtig, zwei verschiedene Bedeutungen zu unterscheiden:

a) «Babel» wird im AT einerseits zur Bezeichnung der berühmten, geschichtsträchtigen *Stadt* am Euphrat gebraucht (vgl. z. B. 1. Mose 11,1–9).[62]

b) Andererseits kann das hebräische Wort «Babel» aber auch die *Landschaft und das Herrschaftsgebiet «Babylonien»* bezeichnen.[63] In Jeremia 50,1 und 45 z. B. wird der Ausdruck «Babel» parallel zum Ausdruck «Land der Chaldäer» gebraucht. Dies verdeutlicht, dass es in diesen Versen nicht um die *Stadt*, sondern vielmehr um das *Land* geht.

Wann die Stadt und wann das Land gemeint ist, muss in jedem einzelnen Fall jeweils aus dem Textzusammenhang ersehen werden.

Das Kernland von Babylonien umfasste ungefähr das südirakische Gebiet im Bereich der Flüsse Euphrat und Tigris bis etwa nach Bagdad hinauf.

Diese Region wurde im AT auch «das Land Sinear» bzw. «Sinear» genannt (1. Mose 10,10; 11,2; 14,1.9; Jesaja 11,11; Daniel 1,2; Sacharja 5,11).

Zur Auslegung von Jesaja 13–14 und Jeremia 50–51

Haben sich die nun zur Sprache stehenden Bibelabschnitte nicht schon längst erfüllt? Beziehen sich diese Gerichtsbotschaften nicht auf die Zeit des Königs Kyros (Kores) von Persien, der um 538 v. Chr. Babylon erobert hat?

Diese Fragen haben volle Berechtigung. Aus verschiedenen Gründen steht jedoch fest, dass diese Prophezeiungen sich nicht damals erfüllt haben. Die folgenden fünf Punkte sollen klarmachen, weshalb die in den besagten Kapiteln behandelten Ereignisse eindeutig nicht die Zeit von Kyros, sondern einen viel späteren Zeitpunkt im Auge haben:

1. Wir haben schon früher gesehen, dass Kyros in erstaunlich wenigen Schlachten das Land Babylonien eroberte. Die Hauptstadt Babylon nahm er sogar fast kampflos ein. Gemäss Jesaja 13–14 und Jeremia 50–51 soll aber das ganze Land Babylonien durch *fürchterliche und massive Kämpfe* verwüstet werden (vgl. z. B. Jesaja 13,5; Jeremia 50,3).

2. Die Verwüstung soll so *total* sein, dass Babylonien nicht mehr bewohnt werden kann (Jesaja 13,19–22; Jeremia

Der Kyros-Cylinder (536 v. Chr.). In Keilschrift wird die Eroberung Babels durch Kyros und sein Edikt, der auch den Juden die Heimkehr erlaubte, festgehalten.

50,38–40). Auch dies hat sich mitnichten zur Zeit der Medoperser erfüllt. Babylonien wurde diesem Weltreich einfach als Provinz einverleibt.

3. Ferner geht aus Jesaja 13–14 und Jeremia 50–51 hervor, dass es hier um eine *endgültige* Verwüstung Babyloniens geht, so dass dieses Land nicht wieder erstehen wird (Jesaja 13,19–22; Jeremia 50,38–40; 51,61–64). Wir haben aber schon gesehen, dass Babylonien nach Kyros weiterhin Bestand hatte – bis in unsere Zeit. Auch die Stadt Babylon existierte weiter – wenngleich während vieler Jahrhunderte auf unterster Sparflamme.

4. Im Zusammenhang mit der Totalverwüstung Babyloniens sollen u. a. die *Meder* eine wichtige Rolle spielen (Jesaja 13,17–18; Jeremia 51,11.28). Erstaunlicherweise werden die Perser dabei nicht erwähnt. Die Perser aber waren das führende Volk, als Kyros Babylonien zusammen mit den Medern eroberte. Auch diese Tatsache weist darauf hin, dass die Propheten Jesaja und Jeremia in diesen Kapiteln einen anderen Zeitpunkt im Visier hatten. Als Daniel Belsazar gegenüber die Eroberung durch Kyros voraussagte, erwähnte er klar, dass die Meder *und Perser* kommen würden (Daniel 5,28).

5. Als Kyros Babylonien eroberte, kam er gewissermassen als Befreier der Juden. Er beendete das Babylonische Exil der Juden, das sieben Jahrzehnte gedauert hatte, und gab diesem unterdrückten Volk die Möglichkeit, in sein Land zurückzukehren und Jerusalem und den Tempel wieder aufzubauen (Esra 1). Jesaja hatte dies auch so vorausgesagt (Jesaja 44,24–45,7). So konnten die Juden – d. h. wer von ihnen auch immer wollte – *nach* dem medopersischen Schlag gegen Babylonien in aller Ruhe heimkehren. In Jeremia 50–51 werden die Juden aber aufgerufen, aus Babylonien, dem Land der Chaldäer zu *fliehen*, und dies *bevor* das vernichtende Gericht über die Babylonier kommen würde. Dadurch sollten sie selbst dem Gericht entfliehen können (Jeremia 50,8; 51,45–46). In Jeremia 50,28 wird auch vorausgesagt, dass die Juden diesem Aufruf folgen werden.

All diese Details zeigen, dass die Propheten in diesen Kapiteln im Wesentlichen von einem ganz anderen Ereignis sprechen.

Zwischen dem Gericht, das Kyros über Babylon brachte, und dem Endgericht in Jesaja 13–14 und Jeremia 50–51 besteht allerdings ein enger Zusammenhang: Das Gericht von Kyros war gewissermassen ein kleiner Vorbote, ein Vorgeschmack der endgültigen Verwüstung. Dies wird zum Beispiel durch die Tatsache klar, dass das Endgericht über Babylonien u. a. als Vergeltung für das, was Nebukadnezar den Juden angetan hatte, hingestellt wird (Jeremia 50,17–18.28; 51,34–37). Somit wird auch verständlich, dass zwischen dem noch ausstehenden Endgericht über Babylonien und der Babylonischen Gefangenschaft der Juden im 6. Jahrhundert v. Chr. *ein enger Zusammenhang* besteht. In diesem Sinn ist es daher nicht unmöglich, in einzelnen Versen der besagten Kapitel eine Erfüllung bzw. Vorerfüllung in der Zeit von Kyros und danach zu erblicken, wiewohl die Prophetie hier *im Wesentlichen* auf einen späteren Zeitpunkt hinzielt.

Wann sollte die Erfüllung kommen?

Weder Jesaja noch Jeremia haben über den Zeitpunkt der Erfüllung der Prophetie über Babylonien Jahrzahlangaben gemacht.

a) Die Rückkehr der Juden

Jedoch sprechen beide davon, dass dieses schreckliche Verwüstungsgericht über Babylonien in der Zeit stattfinden sollte, in der die Juden aus ihrer weltweiten Zerstreuung zurückkehren würden. Im Zusammenhang mit dem Zeitpunkt der Verwüstung Babyloniens (vgl. Jesaja 13,22b), schliesst der Prophet Jesaja in Kapitel 14,1 mit einem begründenden «denn» an:

«Denn der HERR wird sich über Jakob erbarmen und Israel noch erwählen, und er wird sie in ihr Land einsetzen …

Und die Völker werden sie nehmen und sie an ihren Ort bringen;...» (Jesaja 14,1–2).

Der eben teilweise zitierte Vers 2 verdeutlicht, dass es hier um die Rückkehr aus der *weltweiten* Zerstreuung geht, die unter internationaler Mithilfe vonstatten gehen sollte.

Übrigens geht auch aus dieser Stelle hervor, dass Jesaja in diesen Kapiteln nicht das Gericht aus dem Jahr 538 v. Chr. vor Augen hatte. In der Zeit von Kyros kamen die Juden ja nicht aus einer weltweiten Zerstreuung zurück. Damals ging es lediglich um eine Rückkehr aus Babylonien.

Auch in Jeremia wird die Rückkehr der Juden nach Zion (Jerusalem) in Verbindung mit dem Zeitpunkt des endgültigen Gerichts über Babylonien gebracht. Nachdem in Jeremia 50,3 gesagt worden ist, dass das Land Babylonien völlig verwüstet werden solle, so dass es dort keine Bewohner mehr geben würde, schliessen sich die Verse 4 und 5a mit folgenden Worten an:

«In jenen Tagen und zu jener Zeit, spricht der HERR, werden die Söhne Israels kommen, sie und die Söhne Judas zusammen; fort und fort weinend werden sie gehen, und den HERRN, ihren Gott, suchen. Sie werden nach Zion fragen, indem ihr Gesicht dahin gerichtet ist.»

Der Ausdruck «In jenen Tagen und zu jener Zeit» macht die zeitliche Relation absolut klar.

Im Teil I haben wir gesehen, wie die Prophetie über die Rückkehr der Juden aus aller Welt in ihr Land begonnen hat, sich dramatisch in unserer Zeit zu erfüllen.[64]

b) Von Babylonien nach Israel

Noch etwas weiteres hilft uns, die Erfüllungszeit für das endgültige Gericht über Babylonien zeitlich einzuordnen:

Ich habe ja bereits darauf hingewiesen, dass in Jeremia 50–51 über eine Flucht der Juden aus Babylonien gesprochen wird. Diese Flucht sollte *vor* dem katastrophalen Untergang Babyloniens stattfinden. Durch diese Flucht sollten die Juden nämlich vor schrecklichen Kriegen gegen Babylonien verschont werden. Im folgenden Kapitel möchte ich aufzeigen, dass diese Flucht aus Babylonien in der jüngsten Geschichte stattgefunden hat.

Damit ist es augenscheinlich geworden: Jesaja 13–14 und Jeremia 50–51 beziehen sich auf unsere Zeit, auf die Epoche, in der wir leben.

Kapitel 9

Flucht und Auszug aus Babylonien

Das babylonische Exil und die Rückkehr unter Kyros

In Kapitel 4 war bereits davon die Rede, wie Nebukadnezar die Juden ab 605 v. Chr. in mehreren Phasen nach Babylonien deportiert hatte.

In Kapitel 5 haben wir gesehen, dass Kyros von Persien den Juden nach der Eroberung Babyloniens die Erlaubnis gegeben hatte, in ihre Heimat zurückzukehren. Ich habe erwähnt, dass Tausende von Juden diese Gelegenheit wahrgenommen hatten. Bei den Heimkehrenden handelte es sich zur Hauptsache um Menschen aus den ärmeren Schichten. Diejenigen, die sich in den Jahren des Exils hinaufarbeiten konnten, waren in der Zeit von Kyros im Allgemeinen zu stark auf babylonischem Boden verwurzelt, als dass sie in Israel praktisch vom Nullpunkt an einen Neuanfang hätten wagen wollen.

Diese reiche Schicht in Babylonien sollte aber in den folgenden Jahrhunderten für das kleine Land Israel noch von grosser Bedeutung sein. Die babylonischen Juden betrachteten es nämlich als eine Pflicht, ihre Brüder in der Heimat zu stützen.[65]

Zuflucht in Babylonien

Als die Römer um 70 n. Chr. Jerusalem zerstörten und das Land Israel verwüsteten, flohen viele Juden nach Babylonien, das damals zum Reich der Parther gehörte.[66] Eine Flucht dorthin war deshalb so begehrt, weil es der schnellste Weg war, um auf Gebiet ausserhalb der Machtsphäre Roms zu gelangen.

ר״ש פירות פרק שני חלה ר״מ 114

נטמאת מזידה אחר מעשרים וארבעה כדי שלא יהא חוטא נשכר: ח רבי אליעזר אומר נטלת מן הטהור על הטמא כיצד עיסה טהורה ועיסה טמאה נוטל כדי חלה מעיסה שלא הורם חלתה ונותן פחות מכביצה באמצע כדי שיטול מן המוקף וחכמים אוסרין:

פרק שלישי

א אוכלין עראי מן העיסה עד שתתגלגל בחטים ותטמטם בשעורים גלגלה בחטים וטימטמה בשעורים האוכל ממנו חייב מיתה כיון שהיא נותנת את המים מגבהת חלתה ובלבד שיהא שם חמשה רבעי קמח: ב נדמעה עיסתה עד שלא גלגלה פטורה שהמדומע פטור (ד) ומשנגלגלה חייבת נולד לה ספק טומאה עד שלא גלגלה תעשה בטומאה ומשנגלגלה תעשה בטהרה: ג הקדישה עיסתה עד שלא גלגלה ופדאתה חייבת ומשגלגלה פדאתה חייבת הקדישתה עד שלא גלגלה תגלגלה הגזבר ואחר כך פדאתה פטורה שבשעת חובתה היתה פטורה: ד כיוצא בו המקדיש פירותיו עד שלא באו לעונת המעשרות ופדאן חייבים ומשבאו לעונת המעשרות ופדאן חייבין הקדישן עד שלא נגמרו ונמרן הגזבר ואחר כך פדאן פטורין שבשעת חובתה היו פטורין: ה נכרי שנתן לישראל לעשות לו עיסה פטורה מן

Seite aus dem Babylonischen Talmud.

Als der jüdische Aufstand unter der Führung von Bar Kochba, einem falschen Messias, durch die Römer niedergeschlagen worden war (132–135 n. Chr.), entstand eine neue Fluchtwelle vieler Juden nach Babylonien.[67]

Blütezeit in Babylonien

Die Zahl der Juden in Babylonien wuchs damals auf etwa eine Million an.[68] Diese starke jüdische Konzentration in Babylonien hatte Folgen, gerade weil es unter ihnen grosse Schriftgelehrte gab: Babylonien entwickelte sich zunehmend zum geistigen Zentrum der Weltjudenheit. Diese Bedeutung sollte das Gebiet für die nächsten Jahrhunderte unangefochten innehaben. Damals entstand der Babylonische Talmud, der noch heute im Judentum von grosser autoritativer Bedeutung ist.

Im 10. und 11. Jahrhundert kam es jedoch zu einem massiven Niedergang der zentralen Stellung der Juden in Babylonien. Dies war einerseits durch innere Konflikte und Streitereien und andererseits durch islamische Unterdrückung von aussen bedingt.

Die geistliche Führung ging jetzt auf andere Gebiete über: auf Cordova in Spanien, auf Narbonne in Frankreich, auf Alexandria in Ägypten und auf Kairwan in Nordafrika.[69]

Babylonien im Zeitalter der irakischen Souveränität

Während den Jahrhunderten, die auf das bedeutsame Jahr 70 n. Chr. folgten, kam es immer wieder zu Unterdrückungen und Verfolgungen der Juden in Babylonien. Dies führte wiederholt zu Auswanderungen in andere Gebiete.[70] Doch erst das 20. Jahrhundert sollte zum Ende des langen babylonischen Exils führen.

Um 1932 gab es noch etwa 150 000 Juden in Babylonien, oder um den zeitgenössischen geografischen Begriff zu verwenden, *im Irak*.[71]

In den 20er Jahren des 20. Jahrhunderts konnte sich das Judentum im Irak unter König Faisal I. blühend entfalten. Aber die goldenen Jahre sollten nur von kurzer Dauer sein.

Im Herbst 1932 wurde der Irak vollständig unabhängig. 1933, unter der Führung von Ghazi, dem Nachfolger Faisals, wandte sich der Irak mit Enthusiasmus dem arabischen Nationalismus zu, was der Förderung einer antisemitischen Atmosphäre sehr dienlich war. Diese Entwicklung fiel gerade mit dem Aufkommen des Nationalsozialismus in Deutschland zusammen! Als Hitler anfangs 1933 an die Macht kam, wurde dies in der irakischen Presse und auch im irakischen Volk mit grösster Begeisterung und Genugtuung aufgenommen. Hitlers Antisemitismus hatte zudem im Irak einen grossen Vertreter – den deutschen Botschafter Fritz Grobba –, der in dieser Zeit in Regierungskreisen und allgemein unter den Intellektuellen im Irak eine unwahrscheinliche Popularität erlangte.[72]

Am 1. Juni 1941 kam es in Bagdad zu einer grossen Judenverfolgung mit Massakern.[73] Die Juden sahen sich im Irak mit der Gefahr konfrontiert, dass sie ausgerottet werden könnten. Dies bewirkte, dass in den folgenden Jahren bei immer mehr Juden der Wunsch wach wurde, den Irak zu verlassen und nach «Eretz Jisrael», dem Land ihrer Väter, zu fliehen.

Auf die Judenverfolgung im Juni 1941 bildete sich im Untergrund eine zionistische Organisation, deren Zielsetzung darin bestand, Juden zur Flucht aus dem Land zu verhelfen.[74]

In den nächsten Jahren nahm die Zahl der aus dem Irak flüchtenden Juden für die Regierung ein absolut inakzeptables Ausmass an. Die Iraker waren einfach nicht in der Lage, die Grenzen gegen die Juden hermetisch abzuriegeln. Dieser «Missstand» (die flüchtenden Juden zahlten ja z. B. nicht mehr die Steuern des laufenden Jahres) führte dazu, dass die Regierung in Bagdad beschloss, den Juden freie Ausreise zu genehmigen, allerdings nur unter der Bedingung, dass sie auf die irakische Staatsbürgerschaft verzichteten.

Tawfiq Suweidi, der damalige Premierminister des Irak, ging davon aus, dass unter solchen Umständen lediglich etwa sieben- bis zehntausend Juden den Irak verlassen würden, … und dann wäre das unangenehme Problem endlich gelöst. Aus verschiedenen Gründen konnte man damals Suweidis Annahme als auf recht realistischen Überlegungen beruhend betrachten. Doch es sollte alles ganz anders kommen.[75]

Purim 1950

Am 2. März 1950, als die Juden gerade am Feiern des Purimfestes waren und damit, wie alle Jahre, der grossen Befreiung der Juden im Nahen und Mittleren Osten um 474 v. Chr. gedachten, kam die gute Nachricht heraus, dass die irakische Regierung den Juden die Ausreise offiziell zugestehe.[76]

Obwohl die Juden guten Grund hatten, sich vor Repressionen zu fürchten, wenn sie sich für die Ausreise anmeldeten, obwohl sie aus dem Verkauf ihrer Häuser und ihres sonstigen Hab und Guts nicht mehr als ein Zehntel des Wertes erwarten konnten, meldeten sich schliesslich 95 Prozent der jüdischen Gemeinschaft im Irak zur Ausreise an! Alle Juden waren gleichzeitig bereit, die irakische Staatsbürgerschaft aufzugeben.[77]

Nuri Said contra Tawfiq Suweidi

104 000 Menschen mit Flugzeugen aus dem Irak hinauszubringen, brachte zu jener Zeit enorme Schwierigkeiten, Probleme und zeitliche Verzögerungen mit sich. – Doch das Emigrationsgesetz sollte nur bis zum 9. März 1951 Gültigkeit haben.[78]

Wie ein Donnerschlag gab es anfangs September 1950 im Irak eine schreckliche Wende: Tawfiq Suweidi wurde gestürzt und Nuri Said, ein gefürchteter Antisemit, gelangte an die Macht. Dieser Umsturz führte zu unfasslicher Spannung und Angst unter den Juden im Irak. Man hatte Angst, dass der jüdische Exodus schon bald wieder gestoppt werden könnte.[79]

Wie man nun im Nachhinein weiss, erwog Nuri Said verschiedene teuflische Pläne, um den Juden im Irak und auch dem jungen Staat Israel Schaden zuzufügen. Er dachte u. a. an die Möglichkeit, die Juden in Konzentrationslagern in der irakischen Wüste verschwinden zu lassen![80]

Die Spannung im Irak wuchs, je mehr der 9. März 1951 herannahte. Zehntausende von Juden, die ihre Staatsbürgerschaft aufgegeben hatten, wussten immer noch nicht, wann sie ausreisen konnten. Sie waren sich auch nicht im Klaren, wie sie noch vor dem Stichdatum aus dem Land hinausgeführt werden sollten. Zudem verbreitete sich das Gerücht, dass die Regierung die Auswanderung nach dem 9. März endgültig stoppen würde. Man kann sich in etwa vorstellen, welch eine Angst unter den Juden um sich griff in jenen Tagen.[81]

Am 10. März erliess Nuri Said ein sadistisches Gesetz: Die Juden dürfen zwar weiter ausreisen, aber ihr sämtliches Hab und Gut soll konfisziert werden! Dies war ein schwerer Schlag für die Juden im Irak und auch für den jungen Staat Israel, der bereits in finanziellen Schwierigkeiten steckte und nun Zehntausende von völlig mittellosen Einwanderern aufnehmen sollte.[82]

Während das jüdische Jahr, das vom Neujahrsfest am 24. September 1949 bis zum 11. September 1950 dauerte, von der guten und fast unglaublichen Nachricht der Emigrationserlaubnis gekennzeichnet war, so war das darauf folgende Jahr (es dauerte vom 12. September 1950 bis zum 30. August 1951) von einem gegenteiligen, Angst erregenden Gerücht charakterisiert – bis schliesslich doch alle Angemeldeten ausreisen konnten. Im Februar 1952 wurde die «Operation Babylon» durch die letzten Flüge abgeschlossen.[83]

Gewalttat im Land

Das gewaltige Ereignis des jüdischen Exodus aus dem Irak wurde durch tragische Geschehnisse überschattet: 1951 gelang es der irakischen Geheimpolizei, die zionistische Untergrundorganisation, die sich während vieler Jahre so erfolgreich für die Rettung der irakischen Juden eingesetzt hatte, aufzuspüren und zu eliminieren.[84]

Ein Überrest in Babylonien

Nach Abschluss der «Operation Babylon» bzw. «Operation Esra und Nehemia», wie sie auch genannt wird, blieben noch etwa 5000 Juden im Irak zurück. Sie hofften auf bessere Zeiten und liessen sich einfach nicht zum Auszug bewegen. Die Aufrufe der Zionisten, dass sie den Irak verlassen sollten, stiessen bei ihnen auf taube Ohren.

In den darauf folgenden Jahren schien ihnen die Geschichte Recht zu geben. Sie hatten Ruhe und es ging ihnen gut, während ihre ausgereisten Brüder in Israel eine schwere und notvolle Zeit der Integration durchmachen mussten.

Doch anfangs der 60er Jahre kam eine Wende: 1963 schwang sich die Ba'ath-Partei durch einen Staatsstreich an die Macht. Die Folge war, dass die Juden im Irak erneut unter massiven Druck gerieten.

Im Juni 1967 fand der Sechstagekrieg statt. Die irakische Armee beteiligte sich auch im Kampf gegen Israel. Als der Krieg mit einer demütigenden Niederlage für den Irak endete, mussten die irakischen Juden als «Blitzableiter» herhalten und erlitten Verfolgung.

Im Juli 1968 kam die Ba'ath-Partei erneut an die Macht, und abermals ging eine Judenverfolgung los ...

Diese Entwicklungen lösten unter den Juden im Irak eine neue Fluchtwelle aus, bis schliesslich fast alle Juden den Irak verlassen hatten.[85]

Im Herbst 1990 soll es im Irak noch etwa 150 jüdische Personen gegeben haben, von denen die meisten in Bagdad wohnten. Die Meïr-Teweg-Synagoge war noch die einzige Synagoge im Irak, die in Betrieb war. Doch seit drei Jahren hatte es dort keine Hochzeit mehr gegeben.[86] Was ist wohl während des Golfkrieges und danach mit diesen Juden geschehen?

Shlomo Hillels Bericht

Der grosse israelische Politiker Shlomo Hillel hat in seinem Buch «Operation Babylon» die Rettung der irakischen Juden ausführlich beschrieben.[87] Lebendig und kurzweilig wird dem Leser die dramatische Rettung der 150 000 Juden aus Babylonien vor Augen geführt.

Shlomo Hillel spielte selbst während den Jahren 1946–1951 eine Schlüsselrolle bei der Rettung von 120 000 Iraki-Juden.

Shlomo Hillel hat dieses Buch erst 1985 veröffentlicht. Aus Sicherheitsgründen und zum Schutz der Juden in anderen arabischen Ländern, wurde dieses Thema lange mit grosser Diskretion behandelt. Seitdem sich jedoch 95 Prozent aller Juden aus den arabischen Ländern in Sicherheit gebracht haben, erschien es dem Autor verantwortbar, mit seinem Bericht an die Öffentlichkeit zu treten.

Ein Detail mag in diesem Zusammenhang von Interesse sein: Als Hillel im Dezember 1987 in Washington bei George Bush zu Besuch war (Bush war damals Vize-Präsident), schenkte Hillel ihm sein Buch «Operation Babylon».[88] Bush war also über die jüdische Leidensgeschichte im Irak wohl informiert, noch ehe der Golfkrieg begann.

... und es traf ein, wie es vorhergesagt worden war

Ich habe bereits darauf hingewiesen, dass in Jeremia 50–51 die Juden in Babylonien wiederholt zur Flucht und zum Auszug aufgerufen wurden, damit sie dem Gericht über jenes Land entkommen könnten. In Jeremia 50,8 und 51,6 heisst es z. B.:

«Flieht aus Babylonien hinaus, und zieht aus dem Land der Chaldäer!»

«Flieht aus Babylonien hinaus und rettet, ein jeder, sein Leben! Werdet nicht vertilgt wegen seiner Ungerechtigkeit! Denn es ist die Zeit der Rache des HERRN: was es getan hat, vergilt er ihm.»

Übereinstimmend heisst es auch im Buch des Propheten Jesaja (48,20):

«Zieht aus Babylonien, flieht aus Chaldäa mit Jubelschall!»

Auch der Prophet Sacharja rief zu dieser Flucht auf (2,7):

«Wehe! Zion, rette dich, die du wohnst bei der Tochter Babylonien!»

Sacharja äusserte diese Weissagung um 520 v. Chr. Dies ist bemerkenswert, denn etwa 18 Jahre vorher hatte ja der Perserkönig Kyros den Juden die Erlaubnis zur Rückkehr in ihr Land gegeben. Die grosse Heimkehr unter Serubabel lag damit schon einige Jahre in der Vergangenheit zurück (Esra 1). Sacharja spricht damit speziell die Zurückgebliebenen an. Etwa 2500 Jahre später sollten seine Worte ganz gewaltige Bedeutung bekommen.

In Jeremia 50,28 wird von den Flüchtlingen gesprochen, die ins Land Israel kommen werden:

«Flüchtlinge und Entronnene aus dem Land Babylonien, um in Zion zu verkünden die Rache des HERRN, unseres Gottes, die Rache seines Tempels!»

Jeremia 51,45–46

Die Verse 45 und 46 in Jeremia 51 müssen wir nun etwas genauer unter die Lupe nehmen:

«Zieht aus ihm hinaus, mein Volk, und rettet, ein jeder sein Leben vor der Glut des Zornes des HERRN! Und dass euer

Herz nicht zaghaft werde, und ihr euch nicht fürchtet vor der Nachricht, die im Land vernommen wird! Denn in dem einen Jahr kommt diese Nachricht und in dem Jahr danach jene Nachricht. Und Gewalttat ist im Land, Herrscher folgt auf Herrscher.»

Aus den verschiedenen oben angeführten Zitaten wird ersichtlich, dass die Propheten Jesaja und Jeremia sowohl von einer «Flucht» als auch von einem «Auszug» aus Babylonien sprechen. Diese Unterscheidung ist wichtig. Wir haben ja festgestellt, dass es im Zusammenhang mit der jüdischen Emigration aus dem Irak sowohl Zeiten der *Flucht* als auch eine Zeit des *geordneten Auszugs* gegeben hat.

In der eben angeführten Stelle (Jeremia 51,45–46) geht es nicht um eine «Flucht», sondern um einen «Auszug» (*«Zieht aus ihm hinaus, mein Volk!»*). Diese Stelle bezieht sich auf den von der irakischen Regierung genehmigten Massenexodus der Juden vom März 1950 bis zum Februar 1952. Es geht nicht um die Fluchtwellen in der Zeit davor bzw. danach.

Rettung vor kommendem Unheil

Der Auszug sollte die Juden vor einer Katastrophe bewahren, die über den Irak kommen würde (*«... rettet, ein jeder sein Leben vor der Glut des Zornes des HERRN!»*). Dieser Auszug fand wirklich *vor* dem Golfkrieg von 1991 und den noch folgenden Ereignissen statt. Die irakischen Juden konnten dadurch vor unvorstellbarem Leid bewahrt werden.

Keine Angst vor schlechter Nachricht!

In Vers 46 wird die Angst und Schrecken einflössende Nachricht, die sich im Land unter Nuri Said ausbreiten konnte, direkt angesprochen. Doch Jeremia sagte, dass die Juden sich nicht davor fürchten sollten (*«Und dass euer Herz nicht zaghaft werde, und ihr euch nicht fürchtet vor der Nachricht, die im Lande vernommen wird!»*). Ja, letztlich konnten doch alle, die wollten, das Land ungehindert verlassen.

Ein Jahr so, das andere so

Wir haben gesehen, wie das eine Jahr unter Suweidi von guter Nachricht und das Jahr danach von gegenteiliger, schlechter Nachricht gekennzeichnet war. Sogar diese Einzelheiten wurden im Vers 46 klar prophezeit (*«Denn in dem einen Jahr kommt diese Nachricht, und in dem Jahr danach jene Nachricht ...»*).

Nuri Said stürzt Tawfiq Suweidi

Ich habe dargelegt, wie diese Auszugszeit durch den plötzlichen Sturz der Regierung Tawfiq Suweidis und die Machtübernahme Nuri Saids geprägt war. Auch darauf weist der Vers 46 hin: *«... Herrscher folgt auf Herrscher»*[89].

Die Niederschlagung der Zionisten

Die Freude der irakischen Juden über die Möglichkeit, dem Machtbereich Babyloniens zu entgehen, wurde durch die parallel dazu erfolgte Vernichtung der zionistischen Untergrundbewegung überschattet. Auch dies hatte Jeremia angedeutet: *«... und Gewalttat im Lande ...»*.

Hat man nicht Grund und Ursache, über die Präzision der alten Prophezeiungen in der Bibel zu staunen? Ist dieses Buch aus der Antike nicht erstaunlich aktuell für uns Menschen des 20. und 21. Jahrhunderts?

Kapitel 10

1991: Der Golfkrieg

Zwei Hauptphasen

Das verwüstende Gericht über Babylonien, das in Jesaja 13–14 und Jeremia 50–51 beschrieben wird, zerfällt in zwei Hauptphasen. Durch die erste Phase sollte das Land *verwüstet* werden. Aber die letzte Phase wird den *totalen Untergang* Babyloniens herbeiführen.

In diesem Zusammenhang ist besonders Jeremia 51,33 zu erwähnen:

«Denn so spricht der HERR der Heerscharen, der Gott Israels: Die Tochter Babylonien ist wie eine Tenne, zur Zeit, da man sie stampft. Noch kurze Zeit, so wird die Zeit der Ernte kommen.»

Zunächst einige Bemerkungen zu dem in diesem Vers verwendeten Vergleich:

Mit «Tenne» ist hier ein offener Platz auf einem Feld gemeint, dessen Boden ausgeebnet und durch festes Stampfen der Erde hergerichtet worden ist.[90]

Auf einem solchen Platz konnte das geerntete Korn zum Dreschen ausgebreitet werden. Die Begriffe «stampfen», «ernten» und «dreschen» werden in der Bibel vielfach als Bilder des Gerichts verwendet (vgl. Habakuk 3,12; Micha 4,12–13; Joel 3,12–13).

Jeremia 51,33 enthält also folgende Aussage:

Babylonien wird in einer ersten vorbereitenden Phase durch ein schweres Gericht «flach gestampft» werden. Nur einige Zeit später wird aber das endgültige Gericht an diesem Land vollzogen werden («Ernte und Dreschen»).

In diesem Vers werden also deutlich zwei zeitlich voneinander getrennte Phasen unterschieden:

Die erste Phase, das «Stampfen der Tenne», hat sich in dem schrecklichen Golfkrieg 1991 erfüllt. Mit etwa 100 000 Luftangriffen wurden die Iraker und ihr Land auf unvorstellbare Weise «gestampft».

Die vollständig vernichtende Schlussphase steht aber noch aus.

Während im Propheten Jesaja die zwei Phasen *nacheinander* behandelt werden, wie später ausgeführt werden soll, werden im Buch Jeremia die beiden Phasen als eine *Einheit* dargestellt. Dies muss man sich stets vor Augen halten, um die prophetischen Aussagen richtig zu verstehen.

Babylonien in der Falle

Wodurch sollte es zur ersten Phase des Gerichts kommen?

In Jeremia 50,24 heisst es:

«Ich habe dir eine Falle gelegt, und du wurdest auch gefangen, o Babylonien, ohne dass du es erkannt hattest. Du bist ertappt und auch gefasst worden, weil du gegen den HERRN Krieg geführt hast.»

Durch den langen und aufreibenden Krieg gegen den Iran (1980–1988)[91] hatte der Irak die Staatskassen beträchtlich geleert. Irgendwie sollte das Loch wieder gestopft werden. Ein Schuldenberg von 100 Milliarden Dollar ist doch allerhand. In dieser Situation wirkte das kleine, aber unwahrscheinlich reiche und dabei militärisch kaum geschützte Land Kuweit geradezu verführerisch.

Am 2. August 1990 überfiel Saddam Hussein mit 95 000 Soldaten und zahlreichen Panzern das schwache Land Kuweit und erklärte es zur 19. Provinz des Irak.

So ging der irakische Präsident Saddam Hussein in die Falle – und konnte sich nicht mehr daraus befreien. Er hatte den Ernst der Lage nicht erkannt, wie Jeremia es vorausgesagt hatte. So wurde der Irak von der internationalen Gemeinschaft gleichsam als Einbrecher «ertappt» und schliesslich auch «ergriffen». Während sechs Monaten inszenierten die alliierten Streitkräfte aus über 30 verschiedenen Ländern einen Aufmarsch mit mehr als einer halben Million Soldaten, um am 17. Januar 1991 erstmals gegen den Irak loszuschlagen.

Der Grund für die Falle wird im Buch Jeremia auch genannt: *«... weil du gegen den HERRN Krieg geführt hast»*. Der Irak hatte sich mit Gott, dem HERRN, in Krieg eingelassen, indem er Israel hasserfüllt und wiederholt zu bekämpfen suchte. Bereits in dem überaus brutalen Krieg von 1948–49 stürzte sich der Irak auf den eben entstandenen Judenstaat. Seither ist es nie zu einem offiziellen Waffenstillstand zwischen dem Irak und Israel gekommen. Dieses Vorgehen gegen Israel setzte in moderner Zeit das fort, was bereits Nebukadnezar in alten Zeiten gegen die Juden ausgeführt hatte (Jeremia 50,18.28; 51,34–35). Wir erinnern uns in diesem Zusammenhang an die schon früher zitierte Stelle aus Sacharja 2,8. Dort heisst es in Bezug auf Israel:

«Wer euch antastet, tastet meinen (d. i. Gottes) Augapfel an.» Wer gegen Israel kämpft, streitet gegen Gott, den HERRN!

Im Frühjahr 1990, einige Monate vor der verhängnisvollen Kuweit-Invasion, stiess Saddam Hussein zudem die furchtbare Drohung aus, Israel mit Giftgas halb zu «verbrennen», falls man ihn angreifen würde.[92] Er fluchte Israel. Wir haben im ersten Teil dieses Buches ausführlich gesehen, dass solches Tun sehr gefährlich ist. Auch 1991 war die alte Zusage an Abraham immer noch wahr (1. Mose 12,3): *«Und wer dir flucht, den werde ich verfluchen.»*

So wurde die Falle Kuweit zu einem schrecklichen Fluch für Babylonien, d. h. für den Irak.

Flucht der Ausländer

Am 9. August 1991, wenige Tage nach der Invasion Saddam Husseins in Kuweit, wurden die Grenzen des Irak geschlossen. Unzählige Ausländer sassen damit gefangen in Feindesland mit einem Damoklesschwert über sich. Durch mühsame und lange internationale Vermittlungen konnten letztlich Tausende von Geiseln doch noch vor dem Ausbruch des Golfkrieges aus dem Irak fliehen und sich in Sicherheit bringen.

Von einer solchen internationalen Flucht sprach der Prophet Jeremia (50,16b):

«Vor dem verderbenden Schwert wird jeder sich zu seinem Volk wenden und jeder in sein Land fliehen.»

Besondere Waffen gegen Babylonien

Die alten hebräischen Propheten haben die Sprache ihrer Zeit gesprochen. So verwendeten Jesaja und Jeremia zur Bezeichnung der Waffen, die gegen Babylonien gebraucht werden sollten, traditionelle Wörter aus ihrer Zeit (z. B. «Bogen» und «Pfeil» zur Bezeichnung von Schusswaffen).

In Verbindung mit den prophezeiten Waffengängen gegen Babylonien verdient eine Aussage in Jeremia 50,25 unsere besondere Beachtung:

«Der HERR hat sein Zeughaus aufgetan und hervorgeholt die Waffen seines Grimmes. Denn der HERR, der HERR der Heerscharen, hat ein Werk im Land der Chaldäer.»

Diese Stelle weist darauf hin, dass es sich um besondere Waffen handeln muss, die gegen Babylonien eingesetzt werden sollen. Der mit «Zeughaus» übersetzte hebräische Ausdruck «ozar» kann auch mit «Schatzhaus» übersetzt werden. Hinzu kommt, dass hier von dem Zeughaus *Gottes* gesprochen wird. Allein schon dadurch werden diese Waffen klar als etwas ganz Besonderes hervorgehoben.

Es ist eine Tatsache, dass die Alliierten im Golfkrieg eine Waffenkonzentration von einem derartig hochtechnologischen Standard gegen den Irak zusammengebracht hatten, wie es in der ganzen Militärgeschichte noch nie gesehen worden ist.

In diesem «Luft-Land-See-Krieg» gab es ein überaus machtvolles Zusammenwirken von Infanterie, Panzerverbänden, amphibischen Truppen, Kampfhelikoptern, Erdkampfflugzeugen, Luftverteidigungs- und Höhenaufklärungsflugzeugen, sowie Überwachungs- und Navigationssatelliten im erdnahen Weltraum (bis 36 000 km).

Gerade durch die unglaubliche Hochtechnologie, die zum Einsatz gebracht wurde, waren die Schläge gegen den Irak von einer ganz besonders Furcht erregenden Effektivität.

In Jeremia 50,9b heisst es zudem:

«Ihre Pfeile sind wie die eines intelligent handelnden Helden, der nicht unverrichteter Dinge zurückkehrt.»

Wie tragisch haben sich dabei die Worte aus Jeremia 50,22–23 bewahrheitet:

«Kriegslärm im Land und grosse Zertrümmerung! ... Wie ist Babylonien zum Entsetzen geworden unter den Nationen!»

Stolz und Rebellion

Nachdem die irakische Armee am 2. August 1990 in Kuweit einmarschiert war, wurde dieses schwer wiegende Vergehen noch am gleichen Tag vom UN-Sicherheitsrat in einer Resolution verurteilt. Der Irak wurde zum sofortigen und bedingungslosen Rückzug aus Kuweit aufgefordert. In der Folge wurden schwere Sanktionen gegen den Irak verhängt. Doch dies hinderte Saddam Hussein nicht daran, erst recht eine völlig verhärtete Front gegen die ihn massiv verurteilenden Nationen aus aller Welt aufzurichten.

Auch als die Alliierten in der Golfregion eine riesige Kriegsmaschinerie gegen den Irak aufzustellen begannen, forderte dies nur den Spott und den Hohn der irakischen Führung heraus. Saddam Hussein war bereit, der ganzen Welt die Stirn zu bieten. Unzählige Staaten versuchten, die irakische Führung zur Vernunft zu bringen. Doch alles Mahnen nützte nichts. Man wird wirklich grosse Mühe haben, einen parallelen Fall von *unbeugsamer Rebellion und Widerspenstigkeit* einer Nation gegenüber einem grossen Teil der Weltgemeinschaft zu finden.

Nebst dieser Rebellion legte die irakische Führung in ihrem Widerstand auch einen unerhörten *Hochmut und Stolz* an den Tag. Noch am 17. Januar 1991 z. B., als der Golfkrieg der alliierten Truppen gegen den Irak begann, verkündete Saddam Hussein in einem Appell übers Fernsehen, dass «die Mutter aller Schlachten» begonnen habe und dass dieser Krieg «der Anfang vom Ende des Imperialismus» sei. Am gleichen Abend tagte der Revolutionsrat unter Saddam Hussein und verkündete, dass die «irakische Armee von ihrem Sieg überzeugt sei».[93]

Jeremia hat von dieser rebellischen Haltung, dem Hochmut und Stolz Babyloniens gesprochen. In Jeremia 50,31–32 wird Babylonien von Gott mit folgenden Worten angesprochen:

«Siehe, ich stelle mich gegen dich, du Stolze (od. Vermessene), spricht der HERR, der HERR der Heerscharen. Denn gekommen ist dein Tag, die Zeit, da ich mit dir abrechne. Dann wird die Stolze (od. die Vermessene) stürzen und fallen, und niemand wird sie aufrichten. Und ich werde ein Feuer anzünden in ihren Städten, dass es ihre ganze Umgebung frisst.»

In Jeremia 50,21 wird Babylonien das «Land Merathajjim» genannt, was so viel wie «Land der doppelten Widerspenstigkeit» oder «Land der doppelten Rebellion» bedeutet.

Hier haben wir übrigens erneut einen Hinweis darauf, dass der Untergang des Irak in zwei Phasen verlaufen soll (s. o.). Die erste Phase der Rebellion haben wir in Verbindung mit dem Golfkrieg von 1991 gesehen. Die letzte Phase der Unbeugsamkeit des Irak steht noch aus.

In Verbindung mit dem Ausdruck «Land Merathajjim» mag eine kleine sprachliche Erklärung von Interesse sein:

Das hebräische Wort «Merathajjim» ist ein wortspielerischer Anklang an die akkadische (babylonische) Volksmund-Bezeichnung Südbabyloniens «mat murrati» (= «Land Murrati» oder «Land der Lagunen»).

Die Befreiung Kuweits

Wir wollen uns nun mit den Eröffnungsworten der Gerichtsankündigung über Babylonien beschäftigen, wie sie uns in Jesaja 13 mitgeteilt werden.

Der Vers 1 beinhaltet den Titel, den der Prophet selbst den folgenden Aussagen (Kapitel 13 und 14) gegeben hat:

«Ausspruch über Babylonien, den Jesaja, der Sohn des Amoz, geschaut hat.»

Der Vers 2 erscheint im ersten Moment etwas mysteriös:

«Auf kahlem Berg richtet eine Fahne auf, ruft ihnen zu mit lauter Stimme, winkt mit der Hand, und sie sollen einziehen durch die Tore der Edlen.»

Es stellen sich zunächst einige berechtigte Fragen an den Text:

Weshalb soll eine Fahne aufgestellt werden, wer soll wem zurufen, was soll das Winken mit der Hand, wer soll in eine Stadt von Edlen einziehen, welche Stadt ist überhaupt gemeint?

Am 28. Februar 1991, am Tag als Kuweit City befreit wurde, konnte die Welt sehen, was Jesaja schon längst in seiner Vision erblickt hatte: Als die Streitkräfte der Alliierten nach Kuweit City, in die Stadt des Emir Jaber es-Sabah, zur Befreiung heranrückten, wurden sie durch die Kuweitis unter lautem Zurufen begrüsst. Sie winkten ihnen zu, und überall sah man amerikanische und kuweitische Fahnen als Zeichen der Siegesfeier.

Die Befreier werden von Jesaja in den folgenden Versen (3–5) eindrücklich beschrieben. Gott selbst spricht:

«Ich, ich habe meine Geweihten entboten, ja, ich habe meine Helden gerufen zu meinem Zorngericht, meine stolz Frohlockenden.

Horch! Ein Lärm auf den Bergen wie von einem grossen Volk! Horch! Ein Kriegslärm von Königreichen versammelter Nationen!

Der HERR der Heerscharen mustert ein Kriegsheer, aus fernem Land kommen sie, vom Ende des Himmels – der HERR und die Werkzeuge seines Grimmes, um das ganze Land zugrunde zu richten.»

Wie zutreffend sind doch die Worte des Propheten Jesaja!

Wer die Golfkriegsbilder vom 28. Februar 1991 gesehen hat, weiss, wie «stolz frohlockend» die Alliierten in Kuweit City einmarschiert sind.[94]

Aus über 30 Nationen hatten sich Soldaten zusammengetan, um gegen den Irak anzutreten. Der Kriegslärm dieser versammelten Nationen liess die ganze Welt aufhorchen.

Der Löwenanteil der Anti-Irak-Koalition kam aus den USA. Vom Irak aus gesehen, kamen sie tatsächlich «vom Ende des Himmels her». Diese für die klassische hebräische Sprache typische Redewendung «vom Ende des Himmels her» (= von einem geografisch extrem weit entlegenen Gebiet), lässt sich auch auf viele weitere Armee-Kontingente aus dieser Koalition anwenden.

Die Verwüstungen, die die Alliierten im Irak angerichtet hatten, lassen sich kaum beschreiben. Das ganze Land wurde buchstäblich zugrunde gerichtet!

Kapitel 11

Der Untergang des Irak

Die Verse 1–5 haben sich auf dramatische Weise im Golfkrieg von 1991 erfüllt. Dies war die erste Phase des Gerichts über Babylonien.

Ab Vers 6 macht Jesaja einen Einschub bzw. einen Exkurs bis und mit Vers 16. In diesem Abschnitt geht es um das zukünftige Gericht Gottes, das *die ganze Welt* treffen soll. Das Schreckliche, das 1991 über Babylonien, den Irak, gekommen ist, war ein kleiner Vorbote von dem, was bald über die ganze Welt kommen wird. Dieser Exkurs ist also höchst bedeutungsvoll! Im nächsten Kapitel wollen wir näher darauf eingehen. Zunächst soll jedoch die zweite und letzte Hauptphase des Gerichts über Babylonien zur Sprache kommen. Jesaja spricht darüber ab Vers 17.

Wie bereits im vorigen Kapitel ausgeführt, gibt es zwischen diesen zwei Phasen lediglich einen relativ kleinen zeitlichen Abstand. Es wird allerdings nirgends eine genaue Angabe über die zeitliche Differenz dieser beiden Phasen gemacht, dessen muss man sich sehr wohl bewusst sein.

Wie Sodom und Gomorra

Die Schlussphase des Gerichts über Babylonien wird zu einer totalen und endgültigen Verwüstung führen, die zur Folge haben wird, dass dieses Gebiet nicht mehr bewohnt sein wird (Jesaja 13,19–20):

«Und Babylonien, das Schmuckstück der Königreiche, die stolze Pracht der Chaldäer, wird gleich sein der Umstürzung Sodoms und Gomorras durch Gott. Es wird in Ewigkeit nicht mehr bewohnt werden und keine Niederlassung mehr sein von Generation zu Generation. Und der Araber wird dort

nicht mehr zelten, und Hirten werden dort ihre Herden nicht mehr lagern lassen.»

Völlig übereinstimmend liest man im Buch Jeremia (50,39b–40):

«Und es (das Land Babylonien) soll in Ewigkeit nicht mehr bewohnt werden und keine Niederlassung mehr sein von Generation zu Generation. Wie nach der Umstürzung Sodoms und Gomorras und ihrer Nachbarstädte durch Gott, spricht der HERR, wird niemand mehr dort wohnen und kein Menschenkind mehr sich darin aufhalten.»

In Jeremia 50,12b–13a heisst es zudem:

«Siehe, sie (das Land Babylonien, als «Mutter» gesehen) ist die letzte unter den Nationen, eine Wüste, eine Dürre und eine Steppe. Wegen des Grimmes des HERRN wird es (das Land Babylonien) nicht mehr bewohnt werden, sondern ganz und gar verödet sein.»

Ferner sei in diesem Zusammenhang u. a. noch auf folgende Stellen verwiesen: Jeremia 50,3; 50,30 und 51,3 (Vernichtung der Armee); 51,25–26; 51,37; 51,43; 51,62.

Sodom und Gomorra wurden einst durch *Feuer* vollständig verwüstet.[95] Das gleiche Los wird auch Babylonien widerfahren (Jeremia 50,32 und 51,25–26). Im Unterschied zu Sodom und Gomorra soll Babylonien aber *durch Krieg* auf diese Art vollständig verwüstet werden.

Wie hat sich Jeremia die Erfüllung seiner Prophetie vorgestellt? Wir wissen es nicht. Auf jeden Fall haben wir Menschen des 21. Jahrhunderts keine Mühe, uns einen Krieg vorzustellen, der durch Feuer ein Land so total vernichtet, dass es in der Folge nicht mehr bewohnt werden kann! Uns Menschen im Zeitalter der Massenvernichtungswaffen klingt dies nur allzu vertraut in den Ohren.

Alliierte aus aller Welt

Wie im Golfkrieg von 1991, wird es auch in der Schlussphase wieder zu einer gewaltigen Koalition gegen den Irak kommen.

In Jeremia 50,9 steht geschrieben:

«Denn siehe, ich erwecke und führe herauf gegen Babylonien eine Versammlung mächtiger Nationen aus dem Land des Nordens, und sie werden sich gegen es aufstellen.»

In Jeremia 50,41 heisst es:

«Siehe, es kommt ein Volk von Norden her, und eine mächtige Nation und viele Könige machen sich auf von dem äussersten Ende der Erde.»

Im folgenden Vers wird ihre Kriegshaltung umschrieben:

«... sie sind grausam und ohne Erbarmen; ...»

Die Kurden schlagen zu

Nebst den zahlreichen und mächtigen Nationen, die «vom äussersten Ende der Erde» herkommen werden, um den Untergang des Irak herbeizuführen, werden dabei gemäss den Propheten Jeremia und Jesaja insbesondere «die Meder» eine entscheidende und wichtige Rolle spielen.

Wer sind die Meder heute? Den Kurden fällt diese Frage nicht schwer. Sie sind überzeugt, dass sie die Nachkommen

Kurdische Männer.

der alten Meder sind.[96] Die Kurden halten daran fest, dass sie schon seit 3000 Jahren in Kurdistan ansässig sind. Nicht ohne Stolz denken sie daran zurück, dass ihre Vorfahren (unter der Leitung des Perserkönigs Kyros) das alte Babylonische Weltreich erobert haben.

Im Zusammenhang mit dem endgültigen Untergang des Irak werden sie von noch grösserer Bedeutung sein als damals.

Betrachten wir nun zunächst die Aussagen des Propheten Jesaja:

Kapitel 13,1–5 bezieht sich auf den Krieg von 1991. Die Verse 6–16 bilden, wie bereits gesagt, einen Exkurs, der von dem «Tag des HERRN» spricht. Ab Vers 17 beginnt die Beschreibung der Schlussphase des Gerichts über Babylonien. Gott, der HERR, spricht dort (13,17–20a):

«Siehe, ich erwecke gegen sie die Meder, die Silber nicht achten und an Gold kein Gefallen haben. Und ihre Bogen werden Jünglinge niederstrecken, und über die Leibesfrucht werden sie sich nicht erbarmen, ihr Auge wird der Kinder nicht schonen. Und Babylonien, das Schmuckstück der Königreiche, die stolze Pracht der Chaldäer, wird gleich sein der Umstürzung Sodoms und Gomorras durch Gott. Es wird in Ewigkeit nicht bewohnt werden und keine Niederlassung mehr sein von Generation zu Generation.»

Folgendes gilt es, in diesen Versen besonders zu beachten:

a) *Die Meder sollen gegen Babylonien aufgeweckt werden.*

Nachdem das Osmanische Reich von den Alliierten im Ersten Weltkrieg vernichtet worden war, gab man den Kurden (Medern) Anlass, Hoffnungen auf einen eigenen Staat in Kurdistan zu hegen. Doch in den Verhandlungen im Anschluss an diesen schrecklichen Krieg kam für die Kurden nichts heraus. Mit Recht fühlte sich dieses Volk betrogen. Das führte die Kurden dazu, aus ihrem langen Schlaf zu erwachen und für ihre ethnischen Rechte zu kämpfen. Seit den 20er Jahren des 20. Jahrhunderts kämpfen sie für ihre Ansprüche. Seither sind sie wach. Den infamen und unbeschreiblichen Völkermord, den Saddam Hussein in den vergangenen Jahren an ihnen begangen hat, indem er Hunderttausende von Kurden in den Tod schickte, hat sie insbesondere gegen den Irak, *gegen Babylonien*, wach werden lassen.

b) *Die Meder werden nicht gegen Babylonien kommen, um sich zu bereichern.*

Jesaja macht klar, dass es ihnen in ihrem letzten vernichtenden Schlag gegen Babylonien nicht um «Gold» und «Silber» gehen wird. Ja, es wird ihnen nicht um Beute gehen. Ihr Anliegen wird grausame, bittere und erbarmungslose *Rache* sein, für das, was ihnen angetan worden ist.

Auch der Prophet Jeremia sprach von dem Aufwachen der Meder (Jeremia 51,11):

«Schärft die Pfeile, fasst den Schild! Der HERR hat den Geist der Könige von Medien erweckt. Denn gegen Babylonien ist sein Plan gerichtet, es zu verwüsten.»

Aus Jeremia 51,27–29 geht hervor, dass in der Zukunft nicht nur die Kurden aus dem Irak gegen Babylonien vorgehen werden. Nein, es wird zu einer umfassenden Vereinigung der Kurden kommen. Diese ethnische Gruppe ist ja bekannt-

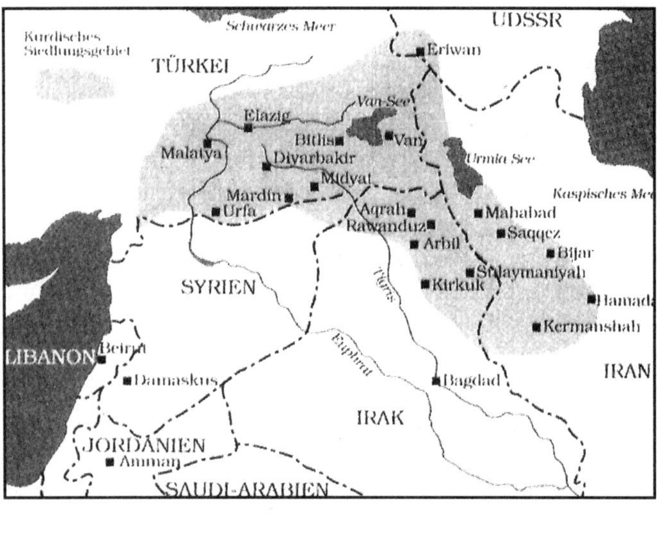

lich heute über verschiedene Länder verteilt (Syrien, Türkei, Iran, Irak, GUS und Libanon; hinzu kommt noch eine grosse Zahl kurdischer Flüchtlinge in der westlichen Welt).[97] Dabei wird die zukünftige Anti-Irak-Koalition die Kurden zum Mitkämpfen aufrufen und sie unterstützen. Dies wird den zukünftigen kurdischen Grosserfolg gegen den Irak erklären:

«Erhebt die Fahne im Land, stosst ins Signalhorn unter den Nationen! Weiht Nationen gegen es (d. h. gegen Babylonien), ruft gegen es die Königreiche Ararat, Minni und Aschkenas herbei! Setzt Kriegsoberste gegen es ein! Lasst Pferde heraufziehen wie furchtbare Heuschrecken! Weiht Nationen gegen es, die Könige von Medien, dessen Landpfleger und alle seine Statthalter und das ganze Land ihrer Herrschaft!

Da erbebt und erzittert die Erde. Denn die Gedanken des HERRN erfüllen sich gegen Babylonien, um das Land Babylonien zu einem Ort des Schreckens zu machen, ohne Bewohner.»

Die kurdische Bevölkerung wird heute auf ungefähr 7,5 bis 12 Millionen geschätzt. Es gibt aber auch Schätzungen, die von Zahlen bis zu 20 Millionen sprechen. Die Zahl ist deshalb so unsicher, weil die Regierungen der Länder, in denen Kurden leben, aus politischen Motiven gerne untertreiben, während kurdische Nationalisten dagegen wohl eher zu hohe Zahlen liefern. Dazu kommt noch folgende Schwierigkeit: Es ist nicht immer klar, ob jeweils die Zahl derer, die kurdischer Abstammung sind, angegeben wird, oder einfach die Zahl der Menschen, die kurdisch sprechen.

Das Siedlungsgebiet der Kurden erstreckt sich heute vom Gebirge Ararat ausgehend über Ländereien zwischen dem Schwarzen Meer und dem Kaspischen Meer und südlich davon. In diesem Zusammenhang ist der Ausdruck «Königreich Ararat» aus dem eben angeführten Zitat aus Jeremia sehr interessant, weil dieser Begriff genau auf das heutige Siedlungsgebiet der Kurden hinweist: Der Ausdruck «Ararat» bezeichnet in der Bibel sowohl ein Land als auch ein Gebirge (vgl. 1. Mose 8,4). In 2. Könige 19,37 und Jesaja 37,38 wird berichtet, dass die Söhne des Assyrerkönigs Sanherib nach der Ermordung ihres Vaters in das «Land Ararat» geflohen sind. Im Akkadischen (= die Sprache der Assyrer und Babylonier) nannte man dieses Land «Urartu». Heute verteilt sich dieses Gebiet auf Teile der Türkei, des Iran, des Irak und der GUS (im Süden). Um 612 v. Chr., als Ninive, die Hauptstadt des Assyrerreiches, fiel, kam das Gebiet unter die Herrschaft der Meder.[98]

Auf dieselbe Region weisen auch die weiteren Ausdrücke «Minni» und «Aschkenas» hin:

«Minni» bezeichnete das armenische Gebiet zwischen dem Van- und dem Urmia-See, wo die Mannäer siedelten.[99] «Aschkenas» umfasste wohl skythisches Gebiet zwischen dem Schwarzen Meer und dem Kaspischen Meer. Der Name «Aschkenas» könnte nämlich mit den keilinschriftlich bezeugten Namen für die Skythen «Aschguzai» bzw. «Ischkuzai» in Verbindung gebracht werden.[100]

Der Untergang des letzten Herrschers im Irak

In Jesaja 14,3–23 wird der Sturz des letzten Herrschers von Babylonien beschrieben. Diese wortgewaltige Beschreibung bezieht sich nicht etwa auf einen König aus der alten Geschichte. Es gibt keinen Herrscher aus dem alten Babylon, der dieser Beschreibung entsprechen würde. Nein, Jesaja spricht von dem Herrscher, dessen Sturz mit dem endgültigen Untergang Babyloniens zusammenfällt.

Nachfolgend sei auf einige besondere Punkte in diesem Abschnitt hingewiesen:

Der Tag des Untergangs dieses Despoten wird für Israel Erleichterung, Ruhe und Entlastung bedeuten (14,3).

Nicht allein Israel, auch die ganze Erde wird dadurch zum Aufatmen kommen (14,7).

Die Verse 12–14 sprechen über den Sturz des Engels Luzifer (= «Glanzstern»), der dabei zum Satan, zum Teufel, geworden war. Wie kommen diese Verse mitten in die Beschreibung des letzten Herrschers von Babylonien hinein?

Ganz einfach: Der letzte Regent von Babylonien wird *mit Satan identifiziert.* Jesaja macht dadurch klar, dass dieser starke Mann von Satan völlig beherrscht und beseelt sein wird, was in seinem unsäglichen Hochmut und in seinen Gräueltaten, die in diesen Versen beschrieben werden, deutlich zum Ausdruck kommt.

Eine interessante Parallele findet sich übrigens in Hesekiel 28, wo ebenfalls vom Sturz Luzifers gesprochen wird. Auch hier wird ein hochmütiger Regent, in diesem Fall ein Herrscher von Tyrus, mit Satan identifiziert.

Der letzte Tyrann von Babylonien wird in der Schlacht fallen und als verschmähter Leichnam daliegen (14,18–19). Eine ehrenvolle Bestattung wird ihm nicht vergönnt werden wegen seiner diabolischen Gräueltaten (14,18–20).

Er wird als ein Mann in die Geschichte eingehen, der die Weltbevölkerung zum Zittern gebracht (14,16), der auf der Erde Verwüstungen angerichtet (14,17), der sein eigenes Land zugrunde gerichtet (14,20), der Städte niedergerissen (14,17), Gefangene nicht in die Heimat entlassen (14,17) und sein eigenes Volk hingemordet hat (14,20).

Mit seinem Sturz wird auch Babylonien vertilgt werden und zu einem Land von Wassersümpfen werden (14,21–23).

Internationale Hilfe ohne Sinn und Zweck

Die Verwüstung des Irak wird so total und endgültig sein, dass selbst internationale humanitäre Hilfe völlig aussichtslos sein wird. In Jeremia 51,8 wird zur Hilfe aufgerufen:

«Plötzlich ist Babylonien gefallen und zertrümmert. Jammert über es! Holt Balsam für seinen Schmerz! Vielleicht wird es geheilt werden!»

Im folgenden Vers (51,9) zitiert der Prophet die enttäuschten und desillusionierten humanitären Helfer aus verschiedenen Nationen:

«Wir haben Babylonien heilen wollen, aber es war nicht zu heilen. Verlasst es und lasst uns ein jeder in sein Land zie-

hen! Denn sein Gericht reicht bis an den Himmel und erhebt sich bis zu den Wolken.»

Jeremia 50–51 in Babylonien vorgelesen

Im Jahr 594 v. Chr. gab der Prophet Jeremia einem gewissen Seraja Ben Nerija, der im Begriff stand, nach Babylonien zu reisen, eine Schriftrolle mit. Die Rolle enthielt den Text von Jeremia 50–51. Seraja sollte die Abschrift in Babylonien öffentlich vorlesen. Die Gerichtsbotschaft über die völlige Vernichtung des Landes Babylonien sollte schon vor etwa 2500 Jahren an Ort und Stelle bekannt gemacht werden.

In Jeremia 51,59–64 heisst es:

«Das Wort, das der Prophet Jeremia Seraja, dem Sohn Nerijas, des Sohnes Machsejas, gebot, als er mit Zedekia, dem König von Juda, im vierten Jahr seiner Regierung nach Babylonien zog. Und Seraja war Reisemarschall. Und Jeremia schrieb in ein Buch all das Unglück, das über Babylonien kommen sollte, alle diese Worte, welche gegen Babylonien geschrieben sind. Und Jeremia sprach zu Seraja: Wenn du nach Babylonien kommst, so sieh zu und lies alle diese Worte und sprich:

'HERR, du hast gegen diesen Ort geredet, dass du ihn ausrotten werdest, so dass kein Bewohner mehr darin sei, weder Mensch noch Vieh, sondern dass er zu ewigen Wüsteneien werden solle.'

Und es soll geschehen, wenn du dieses Buch zu Ende gelesen hast, so binde einen Stein daran und wirf es mitten in den Euphrat und sprich: Also wird Babylonien versinken und nicht wieder emporkommen wegen des Unglücks, das ich über es bringe. Und sie werden erliegen.»

Kapitel 12

Der Golfkrieg und «der Tag des HERRN»

Wir haben es bereits dargelegt: Jesaja spricht in den Versen 1–5 in Kapitel 13 über die Zeit des Golfkrieges von 1991. Ab Vers 6 bis und mit Vers 16 macht er einen Exkurs. In dieser Parenthese geht es um das Gericht Gottes, das in der Zukunft *über die ganze Welt* kommen wird. Der Gesichtskreis der Prophetie wird hier plötzlich *ausgeweitet.*

In Vers 5 bezeichnet das hebräische Wort «eretz» lediglich das *«Land»* Babylonien. In den Versen 9 und 13 muss dasselbe Wort jedoch mit *«Erde»* übersetzt werden.[101] Dies wird deutlich durch die parallele Verwendung des Ausdrucks «tevel» in Vers 11. Der vielfach mit «Erdkreis» übersetzte Ausdruck «tevel» bezeichnet nämlich im AT gewöhnlich «das weltweit von Menschen bewohnte und kultivierte Festland».[102]

In Vers 13 steht das Wort «eretz» im Kontrast zu «shamajim» («Himmel»). Auch dies legt nahe, dass man hier «eretz» im Sinn von «Erde» auffassen muss.

Die weltweite Bedeutung dieser Verse geht des Weiteren auch aus diversen anderen Ausdrücken hervor, die Bezug haben auf die Menschen auf der *ganzen* Erde (vgl. z. B. Vers 7: «*alle* Hände werden erschlaffen und *jedes* Menschenherz wird zerschmelzen», siehe auch in Vers 12: «der Sterbliche» und «der Mensch»).

Jesaja 13,6–16

Zunächst der nun zu betrachtende Text in seinem Wortlaut:

«(6) Heult, denn nahe ist der Tag des HERRN! Er kommt gleichsam als Verwüstung vom Allmächtigen. (7) Darum werden alle Hände erschlaffen und jedes Menschenherz wird

zerschmelzen. (8) Und sie werden bestürzt sein, Wehen und Schmerzen werden sie ergreifen, sie werden sich winden gleich einer Gebärenden. Einer starrt den andern an, ihre Angesichter glühen. (9) Siehe, der Tag des HERRN kommt grausam, mit Grimm und Zornglut, um die Erde zur Wüste zu machen. Und ihre Sünder wird er von ihr vertilgen. (10) Denn die Sterne des Himmels und seine Gestirne werden ihr Licht nicht leuchten lassen. Die Sonne wird finster sein bei ihrem Aufgang und der Mond wird sein Licht nicht scheinen lassen. (11) Und ich werde an dem Erdkreis heimsuchen die Bosheit und an den Gesetzlosen ihre Missetat. Und ich werde ein Ende machen dem Hochmut der Stolzen und die Hoffart der Gewalttätigen erniedrigen. (12) Ich will den Sterblichen kostbarer machen als gediegenes Gold und den Menschen als Gold von Ophir. (13) Darum werde ich die Himmel erzittern lassen, und die Erde wird aufbeben von ihrer Stelle: beim Grimm des HERRN der Heerscharen und am Tag seiner Zornglut. (14) Und es wird sein wie mit einer verscheuchten Gazelle und wie mit einer Herde, die niemand sammelt: Ein jeder wird sich zu seinem Volke wenden und ein jeder in sein Land fliehen. (15) Wer irgend gefunden wird, wird durchbohrt werden. Und wer irgend erhascht wird, wird durchs Schwert fallen. (16) Und ihre Kinder werden vor ihren Augen zerschmettert, ihre Häuser geplündert und ihre Frauen werden geschändet werden.»

«Der Tag des HERRN»

In den Versen 6 und 9 findet sich der Ausdruck «der Tag des HERRN» (hebr. «jom adonaj»). Was bedeutet dieser für die biblische Prophetie äusserst charakteristische und wichtige Begriff?

«Der Tag des HERRN» spricht von der Zeit, wenn der Messias wiederkommen und persönlich ein umfassendes Gericht über die ganze Welt bringen wird. Folgende Stellen aus dem AT ergeben im Zusammenhang gelesen ein eindrucksvolles Bild von diesem von der Bibel in Aussicht gestellten Ereignis: Hesekiel 30,3; Joel 1,15; 2,1; 2,11; 3,4 (bzw. 2,31); 4,14 (bzw. 3,14); Amos 5,18; 5,20; Obadja 15; Zephanja 1,7; 1,14 (2-mal); Maleachi 3,23 (bzw. 4,5).

Auch im NT wird an verschiedenen Stellen dieser Ausdruck verwendet: Apostelgeschichte 2,20; 1. Thessalonicher 5,2; 2. Thessalonicher 2,2; 2. Petrus 3,10.

Am «Tag des HERRN» wird Jesus Christus nicht mehr als *«Retter der Welt»* (vgl. Johannes 4,42) auf diese Erde kommen. Nein, er wird vielmehr als *«Richter der Welt»* in Erscheinung treten. Es wird zu einer weltweiten Verwüstung kommen. Alle Völker der Welt wird das göttliche Gericht unweigerlich treffen.

Dann wird deutlich werden, dass Gott die himmelschreienden Ungerechtigkeiten in dieser Welt nicht einfach mit Stillschweigen übergeht.

Dann wird der Messias Jesus eine «neue Weltordnung» der Gerechtigkeit und des Friedens einführen. Das, was der Mensch trotz aller Anstrengung und Mühe nie erreicht hat und auch nie erreichen kann, wird der Sohn Gottes in vollendeter Form zustande bringen.

Der Tag ist nahe

In Jesaja 13,6 heisst es:

«Heult, denn nahe ist der Tag des HERRN. Er kommt gleichsam als Verwüstung vom Allmächtigen.»

Die Verse 1–5 sprechen ja von Ereignissen des Golfkrieges von 1991. Im Anschluss daran wird in Vers 6 der «Tag des HERRN» als zeitlich «nahe» angekündigt!

Der Golfkrieg war aus verschiedenen Gründen ein überaus bemerkenswertes Geschehen:

a) Er weist auf den baldigen Untergang des Irak hin.

b) Er kündigt den «Tag des HERRN» als *nahes* Ereignis an.

c) Er gab einen kleinen *Vorgeschmack* von den Schrecken,

die über die ganze Welt kommen werden, am «Tag des HERRN».

Der Irak als Beispiel für die Welt

An dieser Stelle drängt sich die Frage auf: Sind die Iraker schlechtere Menschen als die Menschen der übrigen Welt?

Mit aller Entschiedenheit muss diese Frage verneint werden. Es ist allein Gottes souveräne Gnade, dass sein Gericht nicht schon längst die *ganze* Welt getroffen hat. In 2. Petrus 3,9 wird erklärt, dass der Herr aus reiner Langmut gegen eine gerichtsreife Welt den verheissenen Tag seiner grossen Intervention erstaunlich lange auf sich warten lässt:

«Der Herr verzögert nicht die Verheissung, wie es etliche für eine Verzögerung betrachten, sondern er ist langmütig gegen euch, da er nicht will, dass irgendwelche verloren gehen, sondern dass alle zur reuevollen Umkehr kommen. Es wird aber der Tag des Herrn kommen wie ein Dieb …»

Niemand hat einen Grund, sich als besser als die Iraker zu betrachten. Aber ihr Beispiel ist eine Warnung für die ganze übrige Welt: Wenn wir nicht durch Schuldbekenntnis in Reue zu dem lebendigen Gott, dem Herrn der Geschichte, umkehren, können wir mit dem gleichen Schicksal rechnen.

In Lukas 13,1–5 wird von Menschen berichtet, die zu Jesus kamen und ihm von Galiläern berichteten, die Pontius Pilatus am Altar in Jerusalem umbringen liess, und deren Blut sich so mit dem Blut ihrer Opfertiere vermischte. Die Reaktion von Jesus Christus ist es wert, beherzigt zu werden. Er sagte:

«Meint ihr, diese Galiläer seien grössere Sünder gewesen als alle übrigen Galiläer, weil sie dies erlitten haben? Nein, sage ich euch, wenn ihr nicht reuig umkehrt, werdet ihr alle auf ähnliche Weise umkommen.»

Ferner erinnerte Jesus Christus seine Zuhörer an den Einsturz des Siloaturms in Jerusalem, bei dem achtzehn Menschen den Tod fanden. Er fügte hinzu:

«Meint ihr, ihre Schuld sei grösser gewesen als die aller anderen Menschen, die in Jerusalem wohnen? Nein, sage ich euch. Aber, wenn ihr nicht reuig umkehrt, werdet ihr alle auf ähnliche Weise umkommen.»

Nicht einmal vierzig Jahrc später erfüllte sich diese Warnung auf tragische Weise. Im Jahr 70 wurde Jerusalem durch die Römer erobert. Die Belagerung begann, als die Stadt zum feierlichen Anlass der Opferung der Passahlämmer zum Bersten voll war von jüdischen Menschen. Das Blut von über einer Million Menschen wurde gewissermassen mit dem Blut der Festopfer «vermischt». Der herrliche Tempel wurde vollständig verwüstet. Viele wurden bei den schrecklichen Kämpfen gerade im Tempelareal getötet. Die schützenden Mauern und Türme wurden von den Römern zusammengeschossen und schliesslich vollständig geschleift. Unzähligen brachte dies den Tod.

So wie die Ereignisse von Lukas 13,1–5 eine Vorwarnung auf den Jüdischen Krieg ums Jahr 70 waren, so war der Golfkrieg, in dem unzählige Iraker den Tod fanden, eine Vorwarnung auf den «Tag des HERRN».

Die Opfer des Golfkrieges waren nicht Menschen mit grösserer Schuld als z. B. die Menschen des Westens. Es gibt schlicht keinen Menschen, der nicht auch den Tod verdient hätte. In Römer 3,23 heisst es:

«Denn es ist kein Unterschied, alle haben gesündigt und erreichen nicht die Herrlichkeit Gottes ...»

Jeder Mensch ist vor Gott schuldig. Keiner hat sich wirklich an die moralischen Massstäbe Gottes gehalten (vgl. z. B. 2. Mose 20; Römer 1,18–32; Galater 5,19–21 und Markus 7,20–23). Auch unser Gewissen bezeugt uns dies und verurteilt uns. Deshalb haben wir ausnahmslos den Tod verdient, wie uns das Römer 6,23 mitteilt:

«Denn der Lohn der Sünde ist der Tod ...»

Rettung durch Umkehr

Es gibt aber einen Ausweg, um dem Gericht Gottes zu entgehen: Der Ausweg ist *«Jesus, der uns errettet von dem kommenden Zorn»* (1. Thessalonicher 1,10). Wer seine persönliche Schuld im Gebet dem Herrn Jesus Christus, dem menschgewordenen Retter-Gott, in aufrichtiger Reue bekennt und eingesteht, darf völlige Vergebung erfahren (1. Johannes 1,9).

Jesus Christus hat ja am Kreuz auf Golgatha stellvertretend den Tod erlitten. Er hatte den Tod als einziger Mensch nicht verdient. Sein vollkommenes Leben auf dieser Erde hat dies klar genug bewiesen. Trotzdem ging er freiwillig in den Tod, um Todgeweihten das ewige Leben zu erwerben (vgl. Johannes 3,16). Er hat in den drei Stunden der Finsternis am Kreuz das Gericht Gottes über die Sünden von all den Menschen, die je an ihn geglaubt haben bzw. noch glauben werden, erduldet (Jesaja 53,10–12).

Wer daher im Vertrauen auf das vollbrachte Opfer von Jesus Christus die göttliche Vergebung annimmt, darf sich der vollen Gewissheit der Rettung erfreuen (vgl. Römer 8,1.37–39). Er braucht Gott nicht mehr als Richter zu fürchten.

Die Notwendigkeit der Entscheidung

Heute haben Sie noch die Möglichkeit, sich zu entscheiden und mit Gott ins Reine zu kommen. Wir brauchen dem Allmächtigen nichts vorzumachen. Wir können ihm nichts bieten. Auch eigene Anstrengungen oder sogar Bussübungen bringen überhaupt nichts. Gott ist so gross. Er braucht unsere Anstrengungen und Leistungen nicht. Aber ER möchte uns alles schenken: Vergebung, ewiges Leben, Versöhnung, Gemeinschaft mit ihm und noch weit mehr. Sind Sie bereit, es auf dem von Gott vorgezeigten Weg in Empfang zu nehmen? Am «Tag des HERRN» wird Sie nichts mehr retten können, dann ist es garantiert zu spät!

In Zephanja 1,14–18 heisst es:

«Nahe ist der Tag des HERRN. Er ist nahe und eilt sehr. Horch, der Tag des HERRN! Bitterlich schreit dort der Held. Ein Tag des Grimmes ist dieser Tag, ein Tag der Drangsal und der Bedrängnis, ein Tag des Verwüstens und der Verwüstung, ein Tag der Finsternis und der Dunkelheit, ein Tag des Gewölks und des Wolkendunkels, ein Tag der Posaune und des Kriegsgeschreis gegen die befestigten Städte und gegen die hohen Zinnen. Und ich werde die Menschen ängstigen, und sie werden einhergehen wie die Blinden, weil sie gegen den HERRN gesündigt haben. Und ihr Blut wird verschüttet werden wie Staub und ihr Fleisch wie Kot. Auch ihr Silber, auch ihr Gold wird sie nicht erretten können am Tag des Grimmes des HERRN.»

Silber und Gold, all unser Wohlstand, in dem wir heute noch leben und schwelgen, wird niemandem etwas nützen am «Tag des HERRN». Wer aber den Herrn Jesus als seinen Retter kennt, weiss um die fundamentale Wahrheit aus 1. Petrus 1,18:

«Indem ihr dieses wisst, dass ihr nicht mit vergänglichen Dingen, mit Silber oder Gold erlöst worden seid, … sondern mit dem kostbaren Blut von Jesus Christus …»

Allein das Blut des Stellvertreters von Golgatha bewirkt Befreiung von Gebundenheit und Schuld, indem es auch vor dem Gericht Gottes rettet.

Das Gericht vor dem grossen weissen Thron

Das Gericht am «Tag des HERRN» wird nur die Menschen treffen, die dann noch leben und nicht mit Gott versöhnt sind. Was geschieht mit denen, die diesen Zeitpunkt gar nicht erleben, aber ohne mit Gott ins Reine gekommen zu sein, vorher abscheiden?

In Offenbarung 19,11ff. wird die Wiederkunft von dem Herrn Jesus Christus zum Gericht beschrieben. Dies ist der Beginn des «Tages des HERRN». Dieser «Tag» dauert aber weiter und umfasst die ganze Periode der messianischen Herrschaft von 1000 Jahren (vgl. Offenbarung 20,1–10). In dieser Zeit wird eindeutig demonstriert werden, dass nur Jesus Christus auf dieser Erde eine wirklich gerechte Herrschaft von wahrem, weltweitem Frieden ausüben kann.

Am Ende des «Tages des HERRN» wird das ganze Universum im Feuer aufgelöst werden. Petrus schrieb, dass alles, sogar alle Elemente der Materie, im Feuer aufgelöst werden sollen (vgl. 2. Petrus 3,10–13). In Offenbarung 20,11–15 wird uns gezeigt, dass dann alle Menschen, die je gelebt haben und zu ihren Lebzeiten nie mit Gott ins Reine gekommen waren, auferstehen werden zum ewigen Gericht.

Wir sehen, dass selbst das Gericht am «Tag des HERRN» nur ein Vorgeschmack ist auf das definitive und ewige Gericht Gottes vor dem grossen weissen Thron. Gott wird jeden zur Rechenschaft ziehen, der sich nicht mit ihm hat versöhnen lassen und an dem Angebot der Vergebung vorübergegangen ist. Dabei ist noch zu bedenken, dass ein Mensch nach seinem Tod keine Möglichkeit mehr hat zur Umkehr und zur Erlangung der göttlichen Vergebung. Der Mensch stirbt *ein einziges Mal* – und dann gibt es nur noch das Gericht (vgl. Hebräer 9,27).

Die Bibel spricht von einer «ewigen Pein» (Matthäus 25,46). Das mit «ewig» übersetzte griechische Wort «aionios» meint auch wirklich ewig im absoluten Sinn.

Gott stellt uns vor eine gewaltige Wahl: *Ewiges Leben in der Gemeinschaft mit Gott oder ewiges Gericht in der Gottesferne!*

Segen oder Fluch hängt von unserem Verhältnis zu dem Herrn Jesus Christus ab.

Hier liegt auch das Geheimnis für den Fluch bzw. Segen in der Verheissung an Abraham (1. Mose 12,1–3). Das Zentrum der Nation Israel, der Nachkommenschaft Abrahams, ist der Messias Jesus Christus. Darum hatte es zu allen Zeiten in der Geschichte so grosse Konsequenzen gehabt, ob eine Nation Israel fluchte oder segnete: Am Beispiel Babyloniens haben wir dies im Rahmen der vorliegenden Publikation besonders ausführlich untersucht.

Dass es insbesondere um die Person von Jesus Christus geht, haben wir gesehen, als wir uns mit dem Fluch beschäftigt haben, der nach der Kreuzigung des verheissenen Messias über die jüdische Nation gekommen ist.

Bei all dem ging es jedoch um einen *zeitlichen* Fluch. Doch die Bibel zeigt, dass es auch einen *ewigen* Fluch und einen *ewigen* Segen gibt. Was über uns persönlich kommt, hängt von unserer Entscheidung ab. Wenn Sie den Herrn Jesus als Ihren Erlöser und Herrn einladen, in Ihr Leben zu kommen, wird ewiger Segen Ihr Teil sein. Wenn Sie an Ihm vorbeigehen wollen, entscheiden Sie damit über Ihr ewiges Wehe.

Ich hoffe, dass durch die vorliegenden Ausführungen zum Ausdruck gekommen ist, wie glaubwürdig die Bibel ist. Die Geschichte liefert den klaren Nachweis, dass, wenn die Bibel Fluch angekündigt hatte, er gekommen ist. So war es auch, wenn es sich um Segen handelte. Niemand hat daher, von der Logik her gesehen, das Recht, zu sagen, dass die Aussagen der Bibel über ewigen Segen und ewigen Fluch keinen Raum hätten im Denken eines aufgeklärten Menschen des 21. Jahrhunderts und deshalb inakzeptabel seien. Ich hoffe, zur Genüge dargestellt zu haben, dass sich die Bibel nie an solche Denkschemen gehalten und sich dennoch als wahr erwiesen hat.

Genauso, wie wir die Naturgesetze akzeptieren müssen, um leben zu können, müssen wir die Gesetzmässigkeiten der Bibel akzeptieren, um den Weg zum Leben beschreiten zu können.

Ich wünsche Ihnen, dass Sie sich für den Segen Abrahams in Jesus Christus entscheiden, um mit zu diesen Menschen aus *allen* Völkern, Stämmen und Sprachen und Nationen zu gehören, die durch das Blut des stellvertretenden Opfers für Gott erkauft worden sind (Offenbarung 5,9–10). Gott hatte es ja dem einstigen Iraki namens Abraham verheissen, dass in ihm alle Geschlechter der Erde gesegnet werden sollen (1.

Mose 12,3). «Alle Geschlechter» heisst es, nicht «alle Menschen». Ob Sie zu diesen Gesegneten gehören, hängt von Ihrer Entscheidung für oder gegen Jesus Christus, den Sohn Abrahams (Matthäus 1,1), ab.

Kapitel 13

Israel im Spannungsfeld von Segen und Fluch

Auch die Zukunft des *Volkes Israel* entscheidet sich an seinem Verhältnis zum Messias Jesus.

Israel wird noch durch eine beispiellos schwierige und schreckliche Zeit gehen. Jeremia nannte diese Zeit *«eine Zeit der Drangsal für Jakob»* (Jeremia 30,7). Israel wird durch die arabische Welt noch in massivste militärische Bedrängnis gebracht werden. $^2/_3$ der jüdischen Bevölkerung in Israel werden dabei ums Leben kommen! Das übrig bleibende Drittel wird aber durch die Wieder-kunft des Messias Jesus vor der Totalvernichtung gerettet werden.

Psalm 83

Der prophetische Psalm 83 (geschrieben um 1000 v. Chr.) gibt uns wichtige Aufschlüsse:

In den Versen 6–8 werden eine ganze Reihe arabischer Völker des Nahen Ostens mit ihren antiken Namen aufgeführt. Diese Völker lebten früher in und um Israel (u. a. Gazastreifen, Jordanien, Libanon, Syrien und Saudi-Arabien).

Der Vers 5 spricht von der Tatsache, dass diese Völker sich durch ein Bündnis zusammengeschlossen haben. Ihre Absichten richten sich gemäss Vers 3 gegen das Volk Gottes, d. h. gegen Israel. Ihr erklärtes Ziel wird in Vers 4 folgendermassen umschrieben:

«Sie sprechen: Kommt und lasst uns sie vertilgen, dass sie keine Nation mehr seien, dass nicht mehr gedacht werde des Namens Israel!»

Ist es nicht frappant, wie der Prophet und Musiker Asaph die Sprache der antisemitischen Hetzparolen in der heutigen arabischen Welt um 3000 Jahre vorweggenommen hat?

Jerusalem, ein Laststein

Sacharja prophezeite, dass Jerusalem in der Zukunft im Mittelpunkt einer schrecklichen kriegerischen Eskalation stehen wird.

In Sacharja 12,2 spricht Gott:

«Siehe, ich mache Jerusalem zu einer Schale, die alle Völker ringsum betrunken macht.»

Der Zankapfel Jerusalem wird den arabischen Völkern, die um Israel herum leben, jegliches objektive Denken nehmen und sie aller nüchternen Überlegung berauben. In blindem Fanatismus werden sie auf Israel losstürzen.

Weiter heisst es in Sacharja 12,3:

«Und es wird geschehen an jenem Tag, da werde ich Jerusalem zu einem Laststein machen für alle Völker: Alle, die ihn aufladen wollen, werden sich gewisslich daran verwunden.»

Jerusalem wird in den zukünftigen Auseinandersetzungen eine zentrale Rolle spielen.

Im Hintergrund: Der Ölberg.

Das mit «Laststein» übersetzte Wort lautet im Hebräischen «maamasah». Es kommt nur an dieser Stelle in der Bibel vor. Dieses Wort bezeichnet einen schweren Stein, der von Jünglingen in Israel zum Messen ihrer Kräfte verwendet wurde, so wie man dies heute mit Hanteln tut. Einige vermochten einen solchen Stein vielleicht bis zu den Knien, Stärkere bis zu den Hüften oder den Schultern zu heben. Doch die Kräftigsten schafften es, ihn mit ausgestreckten Händen bis über den Kopf emporzustemmen – aber wehe, wenn er ihnen in dem Moment entglitt – dann war die Katastrophe perfekt!

Genauso wird es den Völkern ergehen, die in der Zukunft mit antisemitischem Hass siegessicher auf Jerusalem losstürzen werden. Ihr scheinbar erfolgreicher militärischer Aufmarsch wird sich schliesslich zu ihrem eigenen furchtbaren Verderben auswirken! Die Verheissung an Abraham (1. Mose 12,3) wird sich bis zuletzt bewahrheiten: *«Wer dir flucht, den werde ich verfluchen.»*

In diesen Auseinandersetzungen wird der Messias Jesus Christus am «Tag des HERRN» eingreifen. In Sacharja 14,3–4 heisst es:

«Und der HERR wird ausziehen und gegen jene Nationen Krieg führen ... Und seine Füsse werden an jenem Tag auf dem Ölberg stehen, der vor Jerusalem gegen Osten liegt.»

In Apostelgeschichte 1 wird davon berichtet, wie der Herr Jesus Christus nach seiner Auferstehung vom Ölberg aus in die Herrlichkeit des Himmels zurückgekehrt ist. In Vers 11 heisst es, dass er, in Übereinstimmung mit Sacharja 14, bei seiner Rückkehr wieder auf den Ölberg kommen wird. Er wird erscheinen, um die Feinde Israels zu vernichten und Israel vor der Totalvernichtung zu bewahren.

Arabische Völker für Christus

Viele Menschen aus den arabischen Völkern, die in Jesus Christus ihren persönlichen Retter-Gott erkennen, werden nicht willens sein, Israel zu vernichten. Sie werden verschont und unter den vollen Segen der Friedensherrschaft von Jesus Christus kommen.

Stellvertretend für viele andere Stellen sei z. B. Jesaja 19,20.21.23–25 zitiert:

«Denn sie (die Ägypter) werden zu dem HERRN schreien ... Und der HERR wird sich den Ägyptern zu erkennen geben, und die Ägypter werden den HERRN erkennen an jenem Tag ... An jenem Tag wird eine Strasse sein von Ägypten nach Assyrien. Und die Assyrer werden nach Ägypten und die Ägypter werden nach Assyrien kommen. Und die Ägypter werden mit den Assyrern dem HERRN dienen. An jenem Tag wird Israel das dritte sein mit Ägypten und mit Assyrien, ein Segen inmitten der Erde. Denn der HERR der Heerscharen segnet es und spricht: Gesegnet sei mein Volk Ägypten und Assyrien, meiner Hände Werk, und Israel, mein Erbteil.» (Vgl. ferner: Jesaja 45,14; Psalm 72,10b–11, Sacharja 14,16.)

Schrecken über Israel

Sacharja 13,8–11 berichtet davon, dass ²/₃ der Bevölkerung Israels in den schrecklichsten Auseinandersetzungen, unmittelbar vor dem «Tag des HERRN», ums Leben kommen werden:

«Und es wird geschehen im ganzen Land, spricht der HERR: zwei Teile davon werden ausgerottet werden und verscheiden. Aber der dritte Teil davon wird übrig bleiben. Und ich werde den dritten Teil ins Feuer bringen, und ich werde sie läutern, wie man Silber läutert, und sie prüfen, wie man Gold prüft. Es (das übrig bleibende Volk Israel) wird meinen Namen anrufen, und ich werde ihm antworten. Ich werde sagen: Es ist mein Volk. Und es wird sagen: Der HERR ist mein Gott.»

Alle Menschen aus den nichtjüdischen Völkern, die Jesus Christus nicht als Retter annehmen, werden IHN als Richter kennen lernen müssen, indem sie unter den Fluch Gottes kommen werden. Dasselbe gilt auch für Menschen jüdischer Herkunft. Gott ist gerecht.

²/₃ der Bevölkerung Israels werden wegen ihrer Ablehnung des Messias Jesus unter den Fluch kommen. ¹/₃ wird noch in der Zeit vor dem «Tag des HERRN» in Jesus von Nazareth den verheissenen Messias und Erlöser erkennen und in Reue über ihre Sünden zu Gott umkehren.

Bei diesem Drittel handelt es sich um den «Überrest» aus Israel, der in der Prophetie sehr oft erwähnt wird (vgl. z. B. Jesaja 10,20–23; 37,31–32; Zephanja 2,7; Sacharja 8,1–23). Es wird in der Zukunft in Israel zu einer gewaltigen geistlichen Erweckung kommen!

Wehklage über den Messias

In Sacharja 12,10ff. wird beschrieben, wie der Überrest auf die Wiederkunft des Messias reagieren wird. Es spricht der HERR (vgl. Vers 1):

«Und ich werde über das Haus Davids und über die Bewohner von Jerusalem den Geist der Gnade und des Flehens ausgiessen. Und sie werden auf mich blicken, den sie durchbohrt haben! – Und sie werden über ihn wehklagen gleich der Wehklage über den Eingeborenen und bitterlich über ihn Leid tragen, wie man bitterlich über den Erstgeborenen Leid trägt. An jenem Tag wird die Wehklage in Jerusalem gross sein ...»

Diese Stelle wird übrigens auch im Babylonischen Talmud, Traktat Sukkah 52a, und im Jerusalemer Talmud, Traktat Sukkah 55a, messianisch gedeutet!

Der Überrest wird es wissen: Der mit Macht und grosser Herrlichkeit erscheinende Messias ist Jesus von Nazareth, der einst am Kreuz durchbohrt worden ist (Johannes 19,31–37). Die zum Überrest Israels gehörenden Menschen werden sich mit ihren Vorfahren bezüglich ihrer Schuld identifizieren. Sie werden deshalb unter Tränen eine grosse Wehklage erheben.

Segen durch den Tod

Sie werden aber auch die Gewissheit haben, dass der Tod von Jesus Christus sie mit Gott versöhnt und dass sein als Stellvertreter vergossenes Blut ihnen Vergebung und Frieden mit Gott gebracht hat. Dann werden sie sich die Worte des Propheten Jesaja, der so klar von dem stellvertretend leidenden Knecht Gottes, dem «Mann der Schmerzen», gesprochen hatte, zu Eigen machen (Jesaja 53,4–6):

«Fürwahr, ER hat unsere Leiden getragen, und unsere Schmerzen hat er auf sich geladen. Und wir, wir hielten ihn für bestraft, von Gott geschlagen und niedergebeugt. Doch um unserer Übertretungen willen war ER verwundet, um unserer Missetaten willen zerschlagen. Die Strafe zu unserem Frieden lag auf ihm, und durch seine Striemen ist uns Heilung geworden. Wir alle irrten umher wie Schafe, wir wandten uns ein jeder auf seinen Weg. Und der HERR hat ihn treffen lassen unser aller Ungerechtigkeit.»

Es lohnt sich, Jesaja 52,12–53,13 im Zusammenhang aufmerksam zu lesen! Diese Stelle wird in der alten rabbinischen Literatur an verschiedenen Stellen ganz klar messianisch gedeutet, so z. B. im Babylonischen Talmud, Traktat Sanhedrin 98b.

Der Überrest Israels wird es wissen: Der Tod von Jesus Christus hat für alle Bussfertigen Vergebung, Frieden und Segen gebracht.

Kennen Sie diesen Segen für sich persönlich? Ist Jesus Christus Ihr Segen, weil er Ihr Retter ist? Oder wird er Ihr Richter sein, so dass Sie selbst den Fluch des Allmächtigen auf sich bringen werden? Ich wünsche Ihnen den ewigen Segen des Messias Jesus Christus!

Anhang

1. Texte: Jesaja 13–14 und Jeremia 50–51

Nachfolgend gebe ich die für diese Publikation so zentralen Texte von Jesaja 13,1–14,23 und Jeremia 50–51 im vollen Wortlaut wieder. Im Vorangegangenen wurde ja immer nur teilweise daraus zitiert oder z. T. sogar nur auf einzelne Verse verwiesen.

Da es sich im Hebräischen hier um poetische Texte handelt,[103] sollen die Verszeilen des Grundtextes auch in der Übersetzung erkennbar gemacht werden.

Bei der Übersetzung handelt es sich um eine von mir überarbeitete Version der Elberfelder-Bibel.

In kursiver Schrift sind einige wenige kommentierende Zwischentitel beigefügt. Beachten Sie bitte auch die Fussnoten!

Jesaja 13,1–14,23

Kapitel 13

Originale Überschrift von Jesaja

(1) Ausspruch über Babylonien, den Jesaja, der Sohn des Amoz, geschaut hat.

1. Phase des Gerichts:

(2) Auf kahlem Berg richtet eine Fahne auf,
ruft ihnen zu mit lauter Stimme, winkt mit der Hand,
und sie sollen einziehen durch die Tore der Edlen.
(3) Ich, ich habe meine Geweihten entboten,
ja, ich habe meine Helden gerufen zu meinem Zorngericht,
meine stolz Frohlockenden.
(4) Horch! Ein Lärm auf den Bergen wie von einem grossen Volk!
Horch! Ein Kriegslärm von Königreichen versammelter Nationen!
Der HERR der Heerscharen mustert ein Kriegsheer,
(5) aus fernem Land kommen sie, vom Ende des Himmels –
der HERR und die Werkzeuge seines Grimmes,
um das ganze Land zugrunde zu richten.

Exkurs: Der Tag des HERRN

(6) Heult, denn nahe ist der Tag des HERRN!
Er kommt gleichsam als Verwüstung
vom Allmächtigen.
(7) Darum werden alle Hände erschlaffen,
und jedes Menschenherz wird zerschmelzen.
(8) Und sie werden bestürzt sein, Wehen und
Schmerzen werden sie ergreifen, sie werden sich
winden gleich einer Gebärenden.
Einer starrt den andern an, ihre Angesichter glühen.
(9) Siehe, der Tag des HERRN kommt grausam, mit
Grimm und Zornglut, um die Erde zur Wüste zu machen.
Und ihre Sünder wird er von derselben vertilgen.
(10) Denn die Sterne des Himmels und seine Gestirne
werden ihr Licht nicht leuchten lassen.
Die Sonne wird finster sein bei ihrem Aufgang,
und der Mond wird sein Licht nicht scheinen lassen.
(11) Und ich werde an dem Erdkreis heimsuchen die Bosheit,
und an den Gesetzlosen ihre Missetat.
Und ich werde ein Ende machen dem Hochmut der Stolzen
und die Hoffart der Gewalttätigen erniedrigen.
(12) Ich will den Sterblichen kostbarer machen als gediegenes Gold,
und den Menschen als Gold von Ophir.
(13) Darum werde ich die Himmel erzittern lassen,
und die Erde wird aufbeben von ihrer Stelle:
beim Grimm des HERRN der Heerscharen und am Tag seiner Zornglut.
(14) Und es wird sein wie mit einer verscheuchten Gazelle
und wie mit einer Herde, die niemand sammelt:
ein jeder wird sich zu seinem Volk wenden,
und ein jeder in sein Land fliehen.
(15) Wer irgend gefunden wird, wird durchbohrt werden,
und wer irgend erhascht wird, wird durchs Schwert fallen.
(16) Und ihre Kinder werden vor ihren Augen zerschmettert,
ihre Häuser werden geplündert und ihre Frauen geschändet werden.

2. Phase des Gerichts: Babyloniens Untergang

(17) Siehe, ich erwecke gegen sie die Meder,
die Silber nicht achten und an Gold kein Gefallen haben.
(18) Und ihre Bogen werden Jünglinge niederstrecken,
und über die Leibesfrucht werden sie sich nicht
erbarmen. Ihr Auge wird der Kinder nicht schonen.
(19) Und Babylonien, das Schmuckstück der Königreiche,
die stolze Pracht der Chaldäer, wird gleich sein wie Sodom und Gomorra,
als Gott sie umstürzte.
(20) Es wird in Ewigkeit nicht mehr bewohnt werden,
und keine Niederlassung mehr sein von Generation
zu Generation. Und der Araber wird dort nicht mehr
zelten, und Hirten werden dort ihre Herden nicht
mehr lagern lassen.

(21) Aber Wüstentiere werden dort lagern,
und ihre Häuser werden mit Eulen angefüllt sein.
Und Strausse werden dort wohnen und Böcke dort hüpfen.
(22) Und wilde Hunde werden heulen in seinen Palästen
und Schakale in den Lustschlössern.
Und seine Zeit steht nahe bevor,
und seine Tage werden nicht verlängert werden.

Kapitel 14

Die Wiederherstellung Israels

(1) Denn der HERR wird sich Jakobs erbarmen und Israel noch erwählen,
und wird sie in ihr Land einsetzen.
Und der Fremdling wird sich ihnen anschliessen,
und sie werden sich dem Haus Jakob zugesellen.
(2) Und die Völker werden sie nehmen und sie an ihren Ort bringen.
Und das Haus Israel wird sich diese
zueignen als Knechte und Mägde im Land des HERRN.
Und sie werden gefangen wegführen,
die sie gefangen wegführten, und werden herrschen über ihre Bedrücker.

Der Sturz des letzten Herrschers von Babylonien

(3) Und es wird geschehen an dem Tage,
an dem der HERR dir Ruhe schafft von deiner Mühsal und
von deiner Unruhe und von dem harten Dienst,
den man dir auferlegt hat,
(4) da wirst du diesen Spruch anheben über den König
von Babylonien, und du wirst sagen:
Wie hat aufgehört der Bedrücker, aufgehört die Erpressung!
(5) Zerbrochen hat der HERR den Stab der Gesetzlosen,
den Herrscherstab,
(6) der Völker schlug im Grimm mit Schlägen ohne Unterlass,
Nationen unterjochte im Zorn, mit Verfolgung ohne Einhalt.
(7) Es ruht, es rastet die ganze Erde. Man bricht in Jubel aus.
(8) Auch die Zypressen freuen sich über dich,
die Zedern des Libanon: «Seit du daliegst, kommt
niemand mehr herauf, uns abzuhauen.»
(9) Das Totenreich unten ist in Bewegung um deinetwillen,
in Erwartung deiner Ankunft. Er stört deinetwegen
die Verstorbenen[104] auf, alle Mächtigen der Erde.
Er lässt von ihren Thronen aufstehen alle Könige der Nationen.
(10) Sie alle heben an und sagen zu dir:
«Auch du bist kraftlos geworden wie wir,
bist uns gleich geworden!»
(11) In das Totenreich hinabgestürzt ist deine Pracht,
das Rauschen deiner Harfen. Maden sind unter dir
gebettet, und Würmer sind deine Decke.
(12) Wie bist du vom Himmel gefallen, du Glanzstern, Sohn der Morgenröte!
zur Erde gefällt, du Überwältiger der Nationen!

(13) Und du, du sprachst in deinem Herzen:
«Zum Himmel will ich hinaufsteigen,
hoch über die Sterne Gottes meinen Thron erheben,
und mich niedersetzen auf den Versammlungsberg
im äussersten Norden.
(14) Ich will hinauffahren auf Wolkenhöhen,
mich gleichmachen dem Höchsten.»
(15) Doch in das Totenreich wirst du hinabgestürzt,
in die tiefste Grube.
(16) Die dich sehen, betrachten dich, schauen dich an:
«Ist das der Mann, der die Erde zum Erzittern brachte,
Königreiche erschütterte,
(17) den Erdkreis der Wüste gleichmachte,
und seine Städte niederriss,
seine Gefangenen nicht in die Heimat entliess?»
(18) Alle Könige der Nationen, sie alle liegen mit Ehren,
ein jeder in seinem Haus.
(19) Du aber bist hingeworfen, fern von deiner Grabstätte,
wie ein verabscheuter Schössling, bedeckt mit Erschlagenen,
vom Schwert Durchbohrten,
die zu den Steinen der Grube hinabgefahren sind,
wie ein zertretenes Aas.
(20) Nicht wirst du mit ihnen vereint werden im Begräbnis,
denn du hast dein Land zu Grunde gerichtet,
dein Volk hingemordet. In Ewigkeit wird nicht genannt werden
die Nachkommenschaft der Übeltäter.
(21) Bereitet seinen Söhnen die Schlachtung, um der Missetat ihrer Väter willen!
Nicht sollen sie sich aufmachen und die Erde in Besitz nehmen
und mit Städten füllen die Fläche des Erdkreises.
(22) Und ich werde mich gegen sie aufmachen,
spricht der HERR der Heerscharen,
und werde von Babylonien ausrotten Namen und Überrest
und Spross und Nachkommen, spricht der HERR.
(23) Und ich werde es zum Besitztum der Igel
machen und zu Wassersümpfen. Und ich werde
es ausfegen mit dem Besen der Vertilgung,
spricht der HERR der Heerscharen.

Jeremia 50–51

Kapitel 50

Originaler Titel von Jeremia
(1) Das Wort, das der HERR geredet hat über Babylonien,
über das Land der Chaldäer, durch den Propheten Jeremia.

Einleitende Zusammenfassung
(2) Verkündigt es unter den Nationen und lasst es hören,

und erhebt eine Fahne! Lasst es hören, verschweigt es nicht!
Sprecht: Babylonien ist eingenommen,
Bel[105] zu Schanden geworden, Merodach bestürzt.
Ihre Götzenbilder sind zu Schanden geworden,
ihre Götzen sind bestürzt.
(3) Denn wider es ist eine Nation heraufgezogen von Norden her:
diese wird sein Land zur Wüste machen,
dass kein Bewohner mehr darin sein wird.
Sowohl Menschen als Vieh sind entflohen, weggezogen.

Die Zeit der Wiederherstellung Israels

(4) In jenen Tagen und zu jener Zeit,
spricht der HERR, werden die Söhne Israels kommen,
sie und die Söhne Judas zusammen,
fort und fort weinend werden sie gehen
und den HERRN, ihren Gott, suchen.
(5) Sie werden nach Zion fragen, indem ihr Gesicht
dorthin gerichtet ist: «Kommt und schliesst euch dem HERRN
an mit einem ewigen Bund, der nicht vergessen werde!»

Israels Schuld und Israels Feinde

(6) Mein Volk war eine verlorene Schafherde:
ihre Hirten leiteten sie irre auf verführerische Berge.[106]
Sie gingen von Berg zu Hügel, vergassen ihre Lagerstätte.
(7) Alle, die sie fanden, frassen sie, und ihre Feinde
sprachen: «Wir verschulden uns nicht,
weil sie gegen den HERRN gesündigt haben,
die Weide der Gerechtigkeit, und gegen den HERRN,
die Erwartung ihrer Väter.»

Internationale Anti-Babylonien-Koalition

(8) Flüchtet aus Babylonien hinaus,
und zieht aus dem Land der Chaldäer,
und seid wie Leitböcke vor der Herde her!
(9) Denn siehe, ich erwecke und führe herauf
gegen Babylonien eine Versammlung mächtiger Nationen,
aus dem Land des Nordens, und sie werden sich gegen es aufstellen:
von dort aus wird es eingenommen werden.
Ihre Pfeile sind wie die eines intelligent handelnden Helden,
der nicht unverrichteter Dinge zurückkehrt.
(10) Und Chaldäa wird zum Raub werden.
Alle, die es berauben, werden satt werden,
spricht der HERR.

Babylonien, getäuscht in seinen Hoffnungen

(11) Ja, freut euch nur, ja, frohlockt nur,
Plünderer meines Erbteils, ja, hüpft wie eine dreschende junge Kuh,
und wiehert gleich starken Rossen!

(12) Sehr beschämt ist eure Mutter, in ihrer Hoffnung getäuscht worden
ist eure Gebärerin. Siehe, es ist die letzte der Nationen, eine Wüste,
eine Dürre und eine Steppe.
(13) Wegen des Grimmes des HERRN wird es nicht mehr bewohnt werden,
sondern eine Wüste sein ganz und gar.
Ein jeder, der an Babylonien vorüberzieht,
wird sich entsetzen und zischen über alle seine Plagen.

Rache gegen Babylonien

(14) Stellt euch ringsum auf gegen Babylonien,
alle, die ihr den Bogen spannt! Schiesst nach ihm,
schont die Pfeile nicht!
Denn gegen den HERRN hat es gesündigt.
(15) Erhebt ein Schlachtgeschrei gegen es ringsum!
Es hat sich ergeben, gefallen sind seine Festungswerke,
niedergerissen seine Mauern. Denn es ist die Rache
des HERRN. Rächet euch an ihm, tut ihm, wie es getan hat!
(16) Rottet aus Babylonien den Sämann aus und den,
der die Sichel führt zur Erntezeit!
Vor dem verderbenden Schwert
wird sich ein jeder zu seinem Volk wenden
und ein jeder in sein Land fliehen!

Israel zwischen Gericht und Gnade

(17) Israel ist ein versprengtes Schaf, das Löwen
verscheucht haben. Zuerst hat der König von
Assyrien es gefressen, und nun zuletzt hat
ihm die Knochen abgenagt, Nebukadrezar,[107]
der König von Babylonien.
(18) Darum spricht der HERR der Heerscharen, der Gott Israels, also:
Siehe, ich suche heim den König von Babylonien und sein Land,
ebenso wie ich den König von Assyrien heimgesucht habe.

(19) Und ich will Israel zu seinem Weideplatz zurückbringen,
dass es auf dem Karmel und in Basan weide,
und seine Seele sich sättige auf dem Gebirge Ephraim und in Gilead.
(20) In jenen Tagen und zu jener Zeit, spricht der HERR,
wird Israels Missetat gesucht werden,
und sie wird nicht da sein, und die Sünden Judas,
und sie werden nicht gefunden werden.
Denn ich will denen vergeben, die ich übrig lasse.

Gericht über Babyloniens Widerspenstigkeit und Stolz

(21) Gegen das Land «Doppelte Widerspenstigkeit»,[108]
gegen es ziehe hinauf, und gegen die Bewohner von «Heimsuchung».[109]
Verwüste und vertilge hinter ihnen her, spricht der HERR,
und tu nach allem, was ich dir geboten habe!
(22) Kriegslärm im Land und grosse Zertrümmerung!
(23) Wie ist zerhauen und zertrümmert «der Hammer der ganzen Erde»!

Wie ist Babylonien zum Entsetzen
geworden unter den Nationen!
(24) Ich habe dir eine Falle gelegt, und du wurdest auch
gefangen, o Babylonien, ohne dass du es erkannt
hattest. Du bist ertappt und auch ergriffen worden,
weil du gegen den HERRN Krieg geführt hast.
(25) Der HERR hat sein Zeughaus aufgetan
und hervorgeholt die Waffen seines Grimmes.
Denn der HERR, der HERR der Heerscharen,
hat ein Werk in dem Land der Chaldäer.
(26) Kommt über es von allen Seiten her, öffnet seine Scheunen,
schüttet es auf wie Garbenhaufen und vertilgt es!
Nicht bleibe ihm ein Überrest!
(27) Vertilgt alle seine Stiere, zur Schlachtung sollen sie hinabgehen!
Wehe über sie! Denn ihr Tag ist gekommen, die Zeit ihrer Heimsuchung.

(28) Horch! Flüchtlinge und Entronnene aus dem Land Babylonien,
um in Zion zu verkünden die Rache des HERRN, unseres Gottes,
die Rache seines Tempels.
(29) Ruft Schützen herbei gegen Babylonien, alle,
die den Bogen spannen! Belagert es ringsum,
niemand entrinne! Vergeltet ihm nach seinem Werk,
tut ihm nach allem, was es getan hat!
Denn es hat vermessen gehandelt gegen den HERRN,
gegen den Heiligen Israels.
(30) Darum sollen seine Jünglinge auf seinen Strassen fallen
und alle seine Soldaten umkommen an jenem Tag,
spricht der HERR.
(31) Siehe, ich will an dich, du Stolze, spricht der HERR,
der HERR der Heerscharen. Denn gekommen ist
dein Tag, die Zeit, da ich dich heimsuche.
(32) Dann wird die Stolze straucheln und fallen,
und niemand wird sie aufrichten. Und ich werde
ein Feuer anzünden in ihren Städten,
dass es ihre ganze Umgebung verzehre.

Gott setzt sich für Israel ein

(33) So spricht der HERR der Heerscharen:
Die Söhne Israels sind Bedrückte,
und zwar zusammen mit den Söhnen Judas.
Und alle, die sie gefangen weggeführt, haben sie festgehalten,
haben sich geweigert, sie zu entlassen.
(34) Ihr Erlöser ist stark, der HERR der Heerscharen
ist sein Name. Er wird ihre Rechtssache bestimmt führen,
um dem Land Ruhe zu verschaffen, und,
um die Bewohner von Babylonien erzittern zu lassen.
(35) Das Schwert über die Chaldäer, spricht der HERR,
und über die Bewohner von Babylonien und über
seine Fürsten und über seine Weisen!

(36) Das Schwert über die Lügner, damit sie zu Toren werden!
Das Schwert über seine Helden, damit sie verzagen!
(37) Das Schwert über seine Rosse und über seine Wagen
und über das ganze Mischvolk, das in seiner Mitte ist,
damit sie zu Frauen werden! Das Schwert über seine Schätze,
damit sie geplündert werden!
(38) Dürre über seine Gewässer, damit sie austrocknen!
Denn es ist ein Land der geschnitzten Bilder,
und sie werden verrückt durch ihre erschreckenden Götzen.
(39) Darum werden Wüstentiere mit wilden Hunden darin wohnen
und Strausse darin wohnen.
Und es soll in Ewigkeit nicht mehr bewohnt werden,
und keine Niederlassung mehr sein von Generation zu Generation.
(40) Wie nach Gottes Umstürzung von Sodom
und Gomorra und ihrer Nachbarstädte,
spricht der HERR, wird niemand dort wohnen
und kein Menschenkind darin sich aufhalten.

Gottes Pläne müssen sich erfüllen

(41) Siehe, es kommt ein Volk von Norden her,
und eine grosse Nation und viele Könige machen
sich auf von dem äussersten Ende der Erde.
(42) Bogen und Wurfspiess führen sie, sie sind grausam
und ohne Erbarmen. Ihre Stimme braust wie das Meer,
und auf Rossen reiten sie. Gerüstet gegen dich,
Tochter Babylonien, wie *ein* Mann zum Krieg.
(43) Der König von Babylonien hat die Kunde von ihnen vernommen,
und seine Hände sind schlaff geworden.
Angst hat ihn ergriffen, Wehen, der Gebärenden gleich.
(44) Siehe, wie ein Löwe steigt er herauf, von der Pracht des Jordans her,
zum Weideplatz am immerfliessenden Fluss.
Denn ich werde sie[110] plötzlich von dort hinwegtreiben und den,
der auserwählt ist, über es[111] bestellen.
Denn wer ist mir gleich, und wer will mich vorladen?
Und wer ist der Hirt, der vor mir bestehen könnte?
(45) Darum hört den Ratschluss des HERRN,
den er über Babylonien beschlossen hat,
und seine Gedanken, die er denkt über das Land
der Chaldäer: Wahrlich, man wird sie fortschleppen,
die Geringen der Herde.
Wahrlich, der Weideplatz wird sich über sie entsetzen!
(46) Von dem Rufe: Babylonien ist erobert!
erzittert die Erde, und ein Geschrei wird unter den Nationen vernommen.

Kapitel 51

Über Widersacher Gottes muss das Gericht kommen

(1) So spricht der HERR:
Siehe, ich erwecke gegen Babylonien

und gegen die, die im «Herzen meiner Widersacher»[112] wohnen,
einen verderbenden Wind.
(2) Und ich sende nach Babylonien Fremde,
die es worfeln und sein Land ausleeren werden.
Denn sie werden ringsumher gegen es sein am Tag des Unglücks.
(3) Der Schütze spanne seinen Bogen gegen den,
der da spannt und gegen den, der sich in seinem
Panzer erhebt. Und schont seiner Jünglinge nicht,
vertilgt sein ganzes Kriegsheer!
(4) Und Erschlagene sollen fallen im Land der Chaldäer
und Durchbohrte auf seinen Strassen.
(5) Denn nicht verwitwet ist Israel noch Juda von seinem Gott,
von dem HERRN der Heerscharen.
Denn deren Land ist voll Schuld gegen den Heiligen Israels.
(6) Flieht aus Babylonien hinaus und rettet ein jeder
sein Leben, werdet nicht vertilgt wegen seiner Ungerechtigkeit!
Denn es ist die Zeit der Rache des HERRN:
Was es getan hat, vergilt er ihm.

Babylonien wird unheilbar verwüstet

(7) Babylonien war ein goldener Becher in der Hand des HERRN,
der die ganze Erde berauschte.
Von seinem Wein haben die Nationen getrunken,
darum sind die Nationen wahnsinnig geworden.
(8) Plötzlich ist Babylonien gefallen und zertrümmert.
Jammert über es! Holt Balsam für seinen Schmerz!
Vielleicht wird es geheilt werden!
(9) «Wir haben Babylonien heilen wollen, aber es war nicht zu heilen.
Verlasst es und lasst uns ein jeder
in sein Land ziehen! Denn sein Gericht reicht bis an den Himmel
und erhebt sich bis zu den Wolken.»
(10) «Der HERR hat unsere Gerechtigkeiten ans Licht
gebracht. Kommt und lasst uns in Zion erzählen
die Tat des HERRN, unseres Gottes!»

Die Meder, als Gerichtsvollstrecker

(11) Schärft die Pfeile, fasst den Schild!
Der HERR hat den Geist der Könige von Medien erweckt.
Denn gegen Babylonien ist sein Vornehmen,
es zu verderben. Denn es ist die Rache des HERRN,
die Rache seines Tempels.
(12) Erhebt die Fahne gegen die Mauern von Babylonien hin,
verschärft die Bewachung, stellt Wächter auf,
bereitet die Hinterhalte! Denn wie der HERR es
sich vorgenommen, so führt er aus,
was er über die Bewohner von Babylonien geredet hat.
(13) Die du an vielen Wassern wohnst, reich an Schätzen bist,
dein Ende ist gekommen, das Mass deines Raubes.
(14) Der HERR der Heerscharen hat bei sich selbst

geschworen: Habe ich dich auch mit Menschen
gefüllt wie mit Heuschrecken,
so wird man doch Triumphgeschrei über dich anstimmen!

Die Grösse und Herrlichkeit des allein wahren Gottes

(15) Er hat die Erde gemacht durch seine Kraft,
den Erdkreis festgestellt durch seine Weisheit
und die Himmel ausgespannt durch seine Einsicht.
(16) Wenn er donnert, bewirkt er Wasserrauschen am Himmel.
Er lässt Dünste aufsteigen vom Ende der Erde,
er macht Blitze für den Regen und führt
den Wind heraus aus seinen Vorratskammern.
(17) Dumm erweist sich jeder Mensch, ohne Erkenntnis.
Beschämt wird jeder Goldschmied wegen des Götzenbildes.
Denn sein gegossenes Bild ist Lüge,
und kein Geist ist in ihnen.
(18) Nichtigkeit sind sie, ein Werk zum Gespött:
Zur Zeit ihrer Heimsuchung gehen sie zu Grunde.
(19) Jakobs Teil ist nicht wie diese. Denn er ist es,
der das All gebildet hat und den Stamm seines Erbteils.
Der HERR der Heerscharen ist sein Name.

Babylonien: einst Richter, dann selbst gerichtet

(20) Du warst mir ein Streithammer, eine Kriegswaffe,
und mit dir zerschmetterte ich Nationen,
und mit dir zerstörte ich Königreiche,
(21) und mit dir zerschmetterte ich das Ross und seinen Reiter,
und mit dir zerschmetterte ich den Wagen
und seinen Lenker,
(22) und mit dir zerschmetterte ich Mann und Frau,
und mit dir zerschmetterte ich Greis und Knaben,
und mit dir zerschmetterte ich Jüngling und Jungfrau,
(23) und mit dir zerschmetterte ich den Hirten und seine Herde,
und mit dir zerschmetterte ich den Bauer und sein Gespann,
und mit dir zerschmetterte ich Landpfleger und Statthalter.
(24) Und ich will Babylonien vergelten und allen Bewohnern Chaldäas,
all ihr Böses, das sie an Zion verübt haben, vor euren Augen,
spricht der HERR.
(25) Siehe, ich stelle mich gegen dich, du Berg des Verderbens,
spricht der HERR, der du die ganze Erde verdarbst.
Und ich will meine Hand gegen dich ausstrecken und
dich von dem Felsen hinabwälzen und dich
zu einem verbrannten Berg[113] machen,
(26) so dass man von dir weder Eckstein nehmen kann,
noch Grundstein. Denn ein ewiger Ort des Schreckens
sollst du sein, spricht der HERR.

Babylonien und die zwei Phasen seines Gerichts

(27) Erhebt eine Fahne im Land, stosst ins Signalhorn

unter den Nationen! Weiht Nationen gegen es,
ruft gegen es Königreiche herbei, Ararat, Minni und Aschkenas.
Bestellt Kriegsoberste gegen es, lasst Pferde heraufziehen
wie furchtbare Heuschrecken!
(28) Weiht Nationen gegen es, die Könige von Medien,
dessen Landpfleger und alle seine Statthalter und
das ganze Land ihrer Herrschaft!
(29) Da erbebt und erzittert die Erde.
Denn die Gedanken des HERRN erfüllen sich gegen Babylonien,
um das Land Babylonien zu machen zu einem Ort des Schreckens,
ohne Bewohner.
(30) Babels Helden haben aufgehört zu streiten. Sie sitzen in den Bergfesten.
Versiegt ist ihre Kraft. Sie sind zu Frauen geworden.
Man hat ihre Wohnungen angezündet. Ihre Riegel sind zerbrochen.
(31) Ein Läufer läuft dem anderen entgegen, und der Bote dem Boten,
um dem König von Babylonien die Botschaft zu bringen,
dass seine Stadt von allen Seiten her eingenommen ist.
(32) Und die Übergänge sind besetzt, und die Teiche
hat man mit Feuer ausgebrannt, und die Soldaten sind erschrocken.
(33) Denn so spricht der HERR der Heerscharen, der Gott Israels:
Die Tochter Babylonien ist wie eine Tenne, zur Zeit,
da man sie stampft. Noch eine kurze Zeit,
so wird die Zeit der Ernte für sie kommen.

Israels Bitte um Rache und Gottes Antwort

(34) Er hat mich gefressen, hat mich vernichtet,
Nebukadrezar[107], der König von Babylonien,
er hat mich hingestellt als ein leeres Gefäss.
Er verschlang mich wie ein Ungeheuer,
füllte seinen Bauch mit meinen Leckerbissen,
stiess mich fort.
(35) Die an mir begangene Gewalttat und mein Fleisch
komme über Babylonien! spreche die Bewohnerin
von Zion, und mein Blut über die Bewohner von Chaldäa!
spreche Jerusalem.
(36) Darum, so spricht der HERR:
Siehe, ich will deine Rechtssache führen und deine Rache vollziehen,
und ich werde sein Meer[114]
austrocknen und seine Quelle versiegen lassen.
(37) Und Babylonien soll zum Steinhaufen,
zur Wohnung der Schakale, zum Entsetzen und
zum Gezisch werden, ohne Bewohner.
(38) Sie brüllen allzumal wie junge Löwen, knurren wie
die Jungen der Löwinnen.
(39) Wenn sie erhitzt sind, richte ich ihnen ein
Trinkgelage an und berausche sie, damit
sie frohlocken, und entschlafen zu ewigem
Schlaf und nicht mehr erwachen, spricht der HERR.

(40) Wie Fettschafe stürze ich sie hinab zur Schlachtung,
wie Widder, zusammen mit Ziegenböcken.
(41) Wie ist Scheschak[115] eingenommen und erobert der Ruhm der ganzen Erde!
Wie ist zum Entsetzen geworden Babylonien unter den Nationen!
(42) Das Meer[116] ist heraufgestiegen über Babylonien,
mit dem Brausen seiner Wellen ist es bedeckt.
(43) Seine Städte sind zur Wüste geworden, ein dürres
Land und eine Steppe, ein Land, worin niemand wohnt,
und durch das kein Menschenkind zieht.
(44) Und ich werde den Bel zu Babel heimsuchen
und aus seinem Maul herausnehmen,
was er verschlungen hat. Und nicht sollen zu ihm strömen
weiterhin Nationen. Auch Babels Mauer ist gefallen.

(45) Zieht aus ihm hinaus, mein Volk, und rettet ein jeder sein Leben
vor der Glut des Zornes des HERRN!
(46) Und dass euer Herz nicht zaghaft werde, und ihr
euch nicht fürchtet vor der Nachricht, die im Land
vernommen wird! Denn in dem einen Jahr kommt
diese Nachricht und in dem Jahr danach jene Nachricht.
Und Gewalttat ist im Land, Herrscher folgt auf Herrscher.
(47) Darum siehe, Tage kommen, da ich die geschnitzten Bilder
Babyloniens heimsuchen werde.
Und sein ganzes Land wird beschämt werden,
und alle seine Erschlagenen werden in seiner Mitte fallen.
(48) Und Himmel und Erde, und alles was in ihnen ist,
werden jubeln über Babylonien. Denn von Norden
her kommen ihm die Verwüster, spricht der HERR.
(49) Wie Babylonien darauf ausging, dass fielen Erschlagene Israels,
also werden wegen Babylonien Erschlagene der ganzen Erde fallen.
(50) Ihr dem Schwert Entronnene, geht, bleibt nicht stehen!
Gedenkt des HERRN aus der Ferne,
und Jerusalem komme euch in den Sinn!
(51) «Wir sind beschämt worden, denn wir haben
Verhöhnung gehört, Schmach hat unser Gesicht
bedeckt. Denn Fremde sind gekommen
über die Heiligtümer des Hauses des HERRN.»
(52) Darum siehe, Tage kommen, spricht der HERR,
da ich seine geschnitzten Bilder heimsuchen werde.
Da werden tödlich Verwundete in seinem ganzen
Land stöhnen.
(53) Wenn auch Babylonien bis zum Himmel hinaufstiege
und seine starke Höhe uneinnehmbar machte,
von mir aus werden ihm dennoch Verwüster kommen,
spricht der HERR.
(54) Horch! Ein Geschrei aus Babylonien und grosse Zertrümmerung
von dem Land der Chaldäer her!
(55) Denn der HERR verwüstet Babylonien
und tilgt aus demselben das laute Getöse.

Und es brausen seine Wogen wie grosse Wasser,
es erschallt das Geräusch ihres Getöses.
(56) Denn er kommt über es, über Babylonien kommt
ein Verwüster. Und seine Helden werden gefangen,
ihre Bogen sind zerbrochen. Denn ein Gott der Vergeltung ist der HERR,
er wird bestimmt erstatten.
(57) Und ich berausche seine Fürsten und seine Weisen,
seine Landpfleger und seine Statthalter und
seine Helden, damit sie entschlafen zu ewigem
Schlaf und nicht mehr erwachen, spricht der König,
der HERR der Heerscharen ist sein Name.
(58) So spricht der HERR der Heerscharen:
Die Mauern von Babylon, die breiten, sollen
gänzlich geschleift und seine hohen Tore mit
Feuer verbrannt werden. Und so mühen sich Völker vergebens ab,
und Völkerschaften fürs Feuer, und sie ermatten.

Anweisungen für die Lesung in Babylonien (Prosa)

(59) Das Wort, das der Prophet Jeremia Seraja, dem Sohn Nerijas,
des Sohnes Machsejas, gebot, als er mit Zedekia, dem König von Juda,
im vierten Jahre seiner Regierung[117] nach Babylonien zog.
Und Seraja war Reisemarschall.
(60) Und Jeremia schrieb in ein Buch all das Unglück,
das über Babylonien kommen sollte, alle diese Worte,
die gegen Babylonien geschrieben sind.
(61) Und Jeremia sprach zu Seraja: «Wenn du nach Babylonien kommst,
so sieh zu und lies all diese Worte,
(62) und sprich: 'HERR, du hast gegen diesen Ort geredet,
dass du ihn ausrotten werdest, so dass kein Bewohner mehr darin sei,
weder Mensch noch Vieh, denn er soll zu einem Ort
des Entsetzens werden auf ewig.'
(63) Und es soll geschehen, wenn du dieses Buch zu Ende gelesen hast,
so binde einen Stein daran und wirf es mitten in den Euphrat
(64) und sprich: 'So wird Babylonien versinken und nicht wieder
emporkommen wegen des Unglücks, das ich über es bringe.'
Und sie werden erliegen.»
Bis hierher die Worte Jeremias.

2. Anmerkungen

1 Vgl. dazu z. B.:
Liebi: Erfüllte Prophetie. Messianische Prophetie – ihre Erfüllung und historische Echtheit. Liebi: Weltgeschichte im Visier des Propheten Daniel.

2 Ursprünglich hiess er «Abram», zu Deutsch «erhabener Vater». Erst später erhielt er den Namen «Abraham» (= «Vater einer Menge» (vgl. 1. Mose 17,5).

3 Zur Lokalisierung des biblischen «Ur, der Chaldäer» vgl.:
Archer: Encyclopedia of Bible Difficulties, S. 88–89.
Thompson: La Bible à la lumière de l'archéologie, S. 21–22.
Wiseman: Ur in Chaldäa. Wilson: Ebla Tablets, S. 42–46.

4 Millard: Schätze aus biblischer Zeit, S. 50–53.
Wiseman: Ur in Chaldäa.

5 Vgl. zu diesem Thema: Römer 1,18–2,16!

6 Aus Apostelgeschichte 7,2–4 geht unzweideutig hervor, dass der göttliche Ruf aus 1. Mose 12,1–3 bereits in Ur erfolgte und nicht, wie man vielleicht meinen könnte, erst auf der Zwischenstation in Haran. Die französische Übersetzung von J. N. Darby gibt daher 1. Mose 12,1a völlig korrekt durch ein *Plusquamperfekt* wieder, um klar zu machen, dass der göttliche Akt des Sprechens *vorzeitig* erfolgt war («Und der Ewige hatte zu Abram gesprochen: ...»; hebr.: «wajjomer adonaj el avram ...»).
In diesem Zusammenhang mag es von Nutzen sein, darauf hinzuweisen, dass die hier verwendete Narrativform «wajjiqtol» an manchen Stellen unter dem Druck des Textzusammenhanges im Deutschen durch ein Plusquamperfekt, anstatt durch ein Imperfekt, übersetzt werden muss. Beispielhaft sei auf folgende Stellen verwiesen:
2. Mose 19,2: Dieser Vers folgt zeitlich nicht auf Vers 1, sondern nimmt 2. Mose 17,1 wieder auf.
Josua 2,22b: Dieser Satz folgt zeitlich nicht auf 2,22a, sondern greift zurück.

7 vgl. Kitchen: Ancient Orient and Old Testament.

8 Archer: Einleitung in das Alte Testament, Bd. I.
Beck: Genesis, aktuelles Dokument vom Beginn der Menschheit.
Külling: Zur Datierung der «Genesis-P-Stücke».
Wiseman: Die Entstehung der Genesis.

9 Vgl. zu diesem Thema ausführlicher: Liebi: Erfüllte Prophetie.

10 Die korrekte Lesart in diesem Vers lautet «meinen Augapfel» und nicht «seinen Augapfel» (vgl. die Fussnote in der Biblia Hebraica Stuttgartensia).

11 Bimson: Redating the Exodus and Conquest.

12 Vgl. z. B. Van der Veen/Zerbst: Biblische Archäologie am Scheideweg? Für und Wider einer Neudatierung archäologischer Epochen im alttestamentlichen Palästina.

13 Kitchen: Ancient Orient and Old Testament.

14 Vgl. Thompson: La Bible à la lumière de l'archéologie, S. 123–146.

15 Wiseman: Assyrien.

16 Vgl. Thompson: a.a.O., S. 189–203. Wiseman: Babylonien.

17 Vgl. Thompson: a.a.O., S. 200–210. Wiseman: Babylonien, S. 160.

18 Thompson: a.a.O., S. 205–217.

19 Vgl. Engel: Die Juden in Babylonien unter den persischen Königen während des zweiten Tempels bis nach dem barkochbäischen Kriege, S. 13ff.

20 Die historische Glaubwürdigkeit des Buches Esther konnte eindrücklich nachgewiesen

werden. Vgl. dazu: Maier: Das Buch Esther.
Thompson: a.a.O., S. 222–223.

21 Vgl. Engel: a.a.O., S. 18–21.
Ellenberger: Die Leiden und Verfolgungen der Juden und ihre Beschützer in chronologischer Reihenfolge, S. 6.

22 Vgl. zu diesem Abschnitt:
Liebi: Weltgeschichte im Visier des Propheten Daniel, S. 65–86.

23 Hilliges: Das Römische Reich und Europa, I, S. 11–12.

24 Liebi: Erfüllte Prophetie. Messianische Prophetie – ihre Erfüllung und historische Echtheit.

25 Zur Echtheit des Buches Daniel vgl.:
Liebi: Weltgeschichte im Visier des Propheten Daniel, S. 13–34.

26 Tacitus: Historien V13; Sueton: Leben der Cäsaren, Vespasian 4; Flavius: Jüdische Altertümer X11.7; Flavius: Der Jüdische Krieg IV6.3 und VI5.4, Babylonischer Talmud, Nazir 32b.

27 Tacitus: Annalen XV44; Flavius: Jüdische Altertümer XVIII.3.3; Babylonischer Talmud, Traktat Sanhedrin 43a.

28 Vgl. den Augenzeugenbericht: Flavius Josephus: Der Jüdische Krieg.

29 Die in diesen Versen enthaltenen detaillierten prophetischen Beschreibungen der Ereignisse um das Jahr 70 n. Chr. habe ich an folgender Stelle ausführlicher behandelt: Liebi: Erfüllte Prophetie, S. 69–72.

30 Vgl. Liebi: Erfüllte Prophetie, S. 72–73 mit Literaturangaben S. 83.
Detailliertere Angaben können der einschlägigen Literatur über die jüdische Geschichte entnommen werden. Eine sehr ausführliche Auflistung findet sich in folgendem Werk: Ellenberger: a.a.O. Auch folgender Atlas ist in diesem Zusammenhang äusserst aufschlussreich: Gilbert: Jewish History Atlas.

31 Sulger Büel: Der schwarze Tod, «ethos» 3/91, S. 48–51.

32 May: Israel zwischen Blut und Tränen, S. 289.

33 McCall/Levitt: Wird der dritte Tempel gebaut? S. 99.

34 Negev: Funde und Schätze im Land der Bibel, S. 33.

35 ebd., S. 36–37.

36 Mark Twain: Innocents Abroad, zitiert nach Peterson: PLO kontra Israel, S. 63–64.

37 Vgl. z. B. 5. Mose 12, 4–15.

38 Vgl. z. B. 3. Mose 4–5 und 16.

39 Vgl. dazu die in Liebi: Erfüllte Prophetie, S. 57, verzeichneten Stellen aus der rabbinischen Literatur, die Jesaja 53 messianisch deuten.

40 Vgl. Mayer: Der Babylonische Talmud, S. 158 und Anm. 443–445.

41 Zitiert nach: May: Israel zwischen Weltpolitik und Messiaserwartung, S. 79.

42 ebd.

43 Zitiert nach: Aebi: Geheimnis Israel, S. 23.

44 Zitiert nach Davis: Israels Überlebenskampf, S. 41.

45 Vgl. Der Spiegel: Saddam Husseins Vorbilder: Die Herrscher Mesopotamiens, S. 134.

46 Informationen zu diesem Thema:
Der Spiegel: Saddam Husseins Vorbilder: Die Herrscher Mesopotamiens, S. 134.
Ausgezeichnetes, farbiges Bildmaterial zum Wiederaufbau Babylons: Archéologia, No. 266, mars 1991, BP 90, 21800 Quétigny. «GEO»: Nr. 10, 19. Okt. 1990, S. 78–79.
Dyer/Hunt: Der Golfkrieg und das neue Babylon (passim).

47 Maier: Das Buch Daniel, S. 193–194.

48 Auch Artaxerxes I. Longimanus (= Artasasta; 464–423 v. Chr.) wird in der Bibel «König von Babylon» genannt (Nehemia 13,6).

49 Vgl. Liebi: Weltgeschichte im Visier des Propheten Daniel, S. 48.

50 Dyer/ Hunt: a.a.O., S. 104–105.

51 Alexander: L'Apocalypse, S. 306.

52 ebd. Dyer/ Hunt: a.a.O., S. 105.

53 ebd., S. 106–107.

54 Dio: Römische Geschichte, 68.30.1. und auch 68.26.–27.

55 Pausanias: Description de la Grèce, 8.33.3.

56 Dyer/ Hunt: a.a.O., S. 109 u. 194 (Quelle: Adler, M. N.: Itinary of Benjamin of Trudela, Jewish Quarterly Review 17 (1905), S. 514–530.

57 Dyer/ Hunt: a.a.O., S. 110.

58 Tietze: Lexikon der Geographie, Bd. 2, S. 398.

59 ebd., S. 397.

60 In diesem Zusammenhang sei nachdrücklich darauf hingewiesen, dass das «Babylon» in der Offenbarung, dessen Untergang auch vorausgesagt ist, nicht verwechselt werden darf mit dem Babylon aus Jesaja und Jeremia.
«Die Hure Babylon» in der Offenbarung ist das Gegenstück zur «Frau des Lammes, das neue Jerusalem». Während es sich beim «neuen Jerusalem» um die wahre Kirche (Gemeinde) Gottes handelt, geht es bei «Babylon» um eine falsche Gegenkirche.
Das Jerusalem im AT ist ein Hinweis auf das «neue Jerusalem», ohne damit identisch zu sein. Analog dazu ist auch die Stadt Babylon im AT ein Hinweis auf «Babylon, die Grosse». Dies erklärt auch, weshalb es in Offenbarung 17–18 so viele Bezüge zu Jeremia 50–51 gibt (vgl. das Parallelstellenverzeichnis in: The Greek New Testament, S. 908).

61 In der ältesten bekannten griechischen Übersetzung des AT, in der sog. «Septuaginta» aus dem 3./2. Jh. v. Chr., wurde «Babel» gewöhnlich mit «Babylon» wiedergegeben. Im griechischen NT findet sich für «Babel» durchwegs die Form «Babylon».

62 Zum Thema der Sprachenverwirrung von Babel vgl. die Studie zur Sprachentstehung: R. Liebi: Der Mensch – «ein sprechender Affe»?

63 Köhler/Baumgartner: Hebräisches und aramäisches Lexikon zum Alten Testament, Bd. I, S. 103–104.

64 Es ist wichtig, in diesem Zusammenhang noch auf folgendes hinzuweisen: Sowohl Jesaja als Jeremia haben, wenn sie hier über die Rückkehr der Juden aus aller Welt sprechen, nicht nur eine *nationale*, sondern auch eine *geistliche* Wiederherstellung im Auge. Während die nationale Wiederherstellung heute bereits seine Erfüllung gefunden hat, ist die geistliche Wiederherstellung noch ein zukünftiges Ereignis. In der Vision Hesekiels in Kapitel 37,1–14 wird gezeigt, dass für Israel zuerst eine nationale, äusserliche Wiederherstellung kommen soll. In einer weiteren Phase soll dieses Volk aber auch geistlich, innerlich, erneuert werden.

65 Vgl. Engel: a.a.O.

66 Landman: The Universal Jewish Encyclopedia, S. 13.

67 ebd.

68 ebd.

69 ebd., S. 17–18.

70 Zur Geschichte der Juden in Babylonien vgl. den informativen Artikel «Babylonia» in: Landman: a.a.O., S. 9–18. Siehe ferner: Gilbert: a.a.O., S. 10.

71 Hillel: Operation Babylon, S. 329

72 ebd., S. 20 und 165.

73 ebd., S. 21.
74 ebd.
75 ebd., passim, besonders S. 258ff.
76 ebd., S. 260.
77 ebd., S. 262–263.
78 ebd., S. 305.
79 ebd., S. 303ff.
80 ebd.
81 ebd., S. 305.
82 ebd., S. 305–306.
83 ebd., S. 323.
84 ebd., S. 298ff.
85 ebd., S. 324ff.
86 Hizak/ Ekeroth: Hier in Israel, April 1992.
87 Hillel: a.a.O.
88 Hillel: Le souffle du levant, S. 150.
89 Den hebräischen Text («moshel al moshel» könnte man auch folgendermassen übersetzen: «*... Herrscher gegen Herrscher.*»).
90 Keil: Biblischer Kommentar über den Propheten Jeremia und die Klagelieder, S. 525.
91 Durch diesen Krieg wurden etwa 1 000 000 Menschen getötet und noch mehr verstümmelt (Aargauer Tagblatt, 20. Jan. 1992, S. 21).
92 Bulloch/Morris: Saddams Krieg, S. 158.
Nirumand: Sturm im Golf, S. 97.
93 ebd., S. 261.
94 Vgl. z. B. die Bilder in der Ausgabe der TIME vom 11. März 1991 (Nr. 10).
95 1. Mose 19,23–29. Zur Geschichtlichkeit Sodom und Gomorras vgl.:
Schäller: Sodom und Gomorra im Licht der biblischen Archäologie, «factum» Oktober 1990.
96 Moore: Pass the Word, S. 137.
97 Zu den Kurden vgl.: Schirrmacher: Die Kurden: Ein staatenloses Volk als Spielball islamischer Mächte, «factum» Mai 1991.
98 Harris/Archer/Waltke: Theological Wordbook of the Old Testament, Volume I, S. 76.
99 Köhler/ Baumgartner: a.a.O., Band II, S. 569 und Rienecker: Lexikon zur Bibel, S. 926.
100 Hennig: Jerusalemer Lexikon, S. 78.
Köhler/ Baumgartner: a.a.O., Band I, S. 92.
101 Das Wort «eretz» kann im Hebräischen sowohl «Land» als auch «Erde» bedeuten. Vgl. z. B. Köhler/Baumgartner: a.a.O., Band I, S. 87–88.
102 Gesenius/ Buhl: Hebräisches und aramäisches Handwörterbuch über das Alte Testament, S. 870. Köhler/Baumgartner: a.a.O., Band IV, S. 1550–1551.
103 Zur Poesie im Alten Testament vgl.: Liebi: Hebräische Poesie im Alten Testament. Liebi: Introduction à la poésie hébraïque.
104 W. die Schatten.
105 Bel-Merodach war die Schutzgottheit Babylons.
106 Gemeint sind Berge bzw. Hügel, auf denen Abgötterei getrieben wurde.
107 «Nebukadrezar» ist eine andere Schreibweise für «Nebukadnezar». Beide Formen wurden nebeneinander verwendet.
108 Hebr. «Merathajim».

109 Hebr. «Pekod» (= heimsuchende Bestrafung). Es handelt sich hier um ein Wortspiel: «Pekod» klingt an «Pakudu» (= akkadischer Name eines ostbabylonischen Stammes, vgl. Hesekiel 23,23) an.

110 D. h. die Babylonier.

111 D. h. Babylonien.

112 Hebr. «lev qamaj», durch «Athbasch» entstandene Bezeichnung von «Chaldäa» (hebr. «Kasdim»). Athbasch: Der erste Buchstabe des Alphabets wird durch den letzten, der zweite durch den zweitletzten ersetzt, usw.)

113 Verbrannter Berg = Vulkan.

114 Bezeichnung für den Euphrat mit seinen unzähligen Kanälen, Seen und Sümpfen. Analog wird Babylonien in Jesaja 21,1 «die Wüste des Meeres» genannt.

115 Durch «Athbash» entstandene Bezeichnung Babels bzw. Babyloniens (vgl. Anm. 112).

116 Bezeichnung der Volksmassen Babyloniens (vgl. Jesaja 17,12–13; Psalm 65,7 bzw. 8).

117 = 593 v. Chr.

3. Literaturverzeichnis

Aargauer Tagblatt, 20.1.1992, S. 21.

Aebi, E.: Geheimnis Israel, Zürich 1961.

Alexander: L'Apocalypse, Genève 1979.

Archéologia, No. 266, Mars 1991, BP 90, 21800 Quétigny.

Archer, G. L.: Encyclopedia of Bible Difficulties, Grand Rapids, Michigan 1982.

Archer, G. L.: Einleitung in das Alte Testament, Band I, Bad Liebenzell 1987.

Aumann, M./Carta-Redaktion: Geschichte Israels, Vergangenheit und Gegenwart im Überblick, Marburg an der Lahn 1985.

Babylonischer Talmud: Grundtextausgabe: Talmud Bavli, 11 Bde., Jerushalajim o. J.

Übersetzung: Der Babylonische Talmud neu übertragen durch L. Goldschmidt, 12 Bde., 2. Aufl., Berlin 1964–1967.

Beck, H. W.: Genesis – aktuelles Dokument vom Beginn der Menschheit, Neuhausen-Stuttgart 1983.

Bimson, J. J.: Redating the Exodus and Conquest, Journal of the Old Testament, Supplement Series V, Sheffield 1978.

Brierre-Narbonne, J.-J.: Exégèse talmoudique des prophéties messianiques, hamashiach batalmud, Paris 1934.

Brierre-Narbonne, J. J.: Les prophéties messianiques de l'Ancien Testament dans la littérature juive en accord avec le Nouveau Testament, avec une introduction sur la littérature messianique juive apocryphe, targoumique, midrachique, zoharique et rabbinique, Paris 1933.

Bruce, F. F.: Ausserbiblische Zeugnisse über Jesus und das frühe Christentum, Giessen 1991.

Bruce, F. F.: Die Glaubwürdigkeit der Schriften des Neuen Testaments, Bad Liebenzell 1976.

Bulloch, J./Morris H.: Saddams Krieg, Reinbek bei Hamburg 1991.

Darby, J. N.: La Sainte Bible, Nouvelle Edition 1970.

Davis, L. J.: Israels Überlebenskampf, Neuhausen-Stuttgart 2. Auflage 1989.

Delitzsch, F.: Biblischer Kommentar über den Prophet Jesaja, Leipzig 1866.

Dio C.: Römische Geschichte, übersetzt von L. Tafel, Band 13, Stuttgart 1839.

Dyer, Ch. H./ Hunt A.: Der Golfkrieg und das neue Babylon, Asslar 1991.

Ellenberger H.: Die Leiden und Verfolgungen der Juden und ihre Beschützer in chronologischer Reihenfolge, Prag, 2. Auflage 1882.

Engel, J.: Die Juden in Babylonien unter den persischen Königen während des zweiten Tempels bis nach dem barkochbäischen Kriege. Inaugural-Dissertation zur Erlangung der Doktorwürde an der hohen philosophischen Fakultät der Universität Bern, 1907.

Flavius Josephus: Der Jüdische Krieg, übertragen von Hermann Endrös, München, Band I 1965, Band II 1966.

Flavius Josephus: Jüdische Altertümer, übersetzt von H. Clementz, Wiesbaden 10. Aufl. 1990.

Gesenius, W./Buhl, F.: Hebräisches und aramäisches Handwörterbuch über das Alte Testament, Berlin, Göttingen, Heidelberg, 17. Aufl. 1962.

Gilbert, M.: Jewish History Atlas, 2nd Ed., London 1976.

«GEO»: Probleme und Chancen in Nahost, Aktueller Wegweiser durch eine Region, deren Konflikte die Welt in Atem halten, März 1991, (GEO-Extra nach S. 180).

GEO, Nr. 10, 19. 10. 1990, S. 78–79.

Glashouwer, W. J. J./Ouweneel, W. J.: So entstand Israel, Die Geschichte des Alten Testamentes, Neuhausen-Stuttgart 1982.

Harris, R. L./Archer, G. L./Waltke, B. K.: Theological Wordbook of the Old Testament, 2 Volume, Chicago 1980.
Hennig, K. (Hrsg.): Jerusalemer Lexikon, Neuhausen-Stuttgart 1990.
Herlitz, G./Kirschner, B. (Hrsg.): Jüdisches Lexikon. Ein enzyklopädisches Handbuch des jüdischen Wissens in 4 Bänden, Königstein/Ts. 1982.
Hillel, S.: Le souffle du Levant. Mon aventure clandestine pour sauver les juifs d'Iraq 1945–1951, Bruxelles 1989.
Hillel, S.: Operation Babylon, Israels Geheimdienst im Irak, Neuhausen-Stuttgart 1992.
Hilliges, U.: «… Sobald du erkannt haben wirst, dass die Himmel herrschen.» Band I, Das Römische Reich und Europa, Berlin 1989 (unveröffentlichtes Manuskript).
Hilliges, U.: «… Sobald du erkannt haben wirst, dass die Himmel herrschen.» Band II, Jerusalem und Babylon, Europa und das Ende der Neuzeit, Berlin 1989 (unveröffentlichtes Manuskript).
Hizak S./Ekeroth G.: Hier in Israel, April 1991.
Keil, C. F.: Biblischer Kommentar über den Propheten Jeremia und die Klagelieder, Leipzig 1872.
Kiene, P.: Das Heiligtum Gottes in der Wüste Sinai, 2. Aufl., Wetzlar 1976.
Kitchen, K. A.: Ancient Orient and Old Testament, InterVarsity Press, Downers Grove, Illinois 1978.
Köhler, L./W. Baumgartner: Hebräisches und aramäisches Lexikon zum Alten Testament, 3. Aufl., Leiden 1967 (Band I), 1974 (Band II), 1990 (Band IV).
Külling, S. R.: Zur Datierung der «Genesis-P-Stücke», namentlich des Kapitels Genesis XVII, Riehen 2. Aufl. 1985.
Landman, I. (Hrsg.): The Universal Jewish Encyclopedia, Vol. 2, New York 1940.
Liebi, R.: Weltgeschichte im Visier des Propheten Daniel, Berneck 4. Aufl. 1995.
Liebi, R.: Erfüllte Prophetie. Messianische Prophetie – ihre Erfüllung und historische Echtheit, Berneck 5. Aufl. 1990.
Liebi, R.: Der Mensch – «ein sprechender Affe»? Berneck 1991.
Liebi, R.: Introduction à la poésie hébraïque, Caillers des REBS, No. 8.
Liebi, R.: Poesie im Alten Testament, «factum», Berneck Mai 1988, S. 189–191.
Maier, G.: Das Buch Esther, Wuppertal 1987.
Maier, G.: Das Buch Daniel, Wuppertal 1982.
May, F.: Israel zwischen Blut und Tränen. Der Leidensweg des jüdischen Volkes, Asslar 3. Aufl. 1990.
May, F.: Israel zwischen Weltpolitik und Messiaserwartung, 4. Aufl., Moers 1976.
Mayer, R.: Der Babylonische Talmud, München 1963.
McCall, S./Levitt Z.: Wird der dritte Tempel gebaut? Wetzlar 1974.
Meister, A.: Die Erfüllung der messianischen Verheissung des Alten Testamentes durch Jesus von Nazareth, S. Külling, Chrischonarain 201, CH-4126 Bettingen.
Michael, C.: Der Zionismus. Entstehung, Fakten Hintergründe, Neuhausen-Stuttgart 1985.
Microsoft: Encarta 99 Enzyklopädie, 1993–1998.
Millard, A.: Schätze aus biblischer Zeit, Wertvolle Funde aus biblischer Zeit – ihre Entdeckungsgeschichte – ihre Bedeutung, Giessen 1986.
Moore, H. (Hrsg.): Pass the Word, 50 Years of Wycliffe Bible Translators, California 1984.
Negev, A.: Funde und Schätze im Land der Bibel, Stuttgart 1978.
Nirumand, B.: Sturm im Golf, Die Irak-Krise und das Pulverfass Nahost, erweiterte Ausgabe, Reinbek bei Hamburg 1991.
Pausanias: Déscription de la Grèce, Traduction nouvelle, Avec le texte grec collationné sur les manuscrits de la bibliothèque du roi, par M. Clavier, tome IV, Paris 1820.

Peters, B.: Mit Saddam in den «Heiligen Krieg»? factum, Berneck Nov./Dez. 1990, S. 456–459.
Peterson, P.: PLO kontra Israel, Berneck 1979.
Pfisterer, R.: Israel oder Palästina? Perspektiven aus Bibel und Geschichte, Wuppertal und Zürich 1992.
Rienecker, F.: Lexikon zur Bibel, Wuppertal, 6. Auflage 1978.
Schäller, M.: Sodom und Gomorra im Licht der biblischen Archäologie, factum, Berneck Okt. 1990, S. 417–420.
Schirrmacher Th.: Das Verhältnis der ägyptischen zur israelischen Chronologie, factum, Berneck Mai und Juni 1992, S. 40–46 bzw. 33–41 (zusammenfassende Darstellung mit umfassenden Literaturangaben im Anhang).
Schirrmacher, Th. und Ch.: Die Kurden: Ein staatenloses Volk als Spielball islamischer Mächte, factum, Berneck Mai 1991, S. 24–29.
Schneider, D.: Der Prophet Jeremia, Wuppertal, 2. Aufl., Wuppertal 1979.
Schrupp, E.: Israel in der Endzeit, Heilsgeschichte und Zeitgeschehen, Wuppertal und Zürich, 2. Auflage 1991.
Spiegel, der: Saddam Husseins Vorbilder: Die Herrscher Mesopotamiens, Nr. 35, 27. Aug. 1990, S. 134.
Suetonius: Leben der Cäsaren, eingeleitet und übersetzt von A. Lambert, Zürich und Stuttgart 1955.
Sulger Büel, E.: Der schwarze Tod, «ethos», Berneck März 1991, S. 48–51.
Tacitus P. C.: Annalen, lateinisch-deutsch, ed. Carl Hoffmann, München 1954.
Tacitus: Historien, Cornelius Tacitus' Werke, Band 2, mit einer Einleitung und nach der Übersetzung von W. Bötticher, Stuttgart 1883.
TIME, March 11, No. 10, 1991
Titze, W. (Hrsg.): Lexikon der Geographie, Braunschweig, Bd. 1 1968, Bd. 2 1969.
Thompson, J. A.: La Bible à la lumière de l'archéologie, Editions L. L. B., Guebwiller 1988.
Unger, E.: Babylon, Berlin 1970 (Nachdruck der Ausg. von 1931).
Van der Veen, P./Zerbst U.: Biblische Archäologie am Scheideweg? Für und Wider einer Neudatierung archäologischer Epochen im alttestamentlichen Palästina, Holzgerlingen 2002.
Wilson, C.: Ebla Tablets, Secrets of a Forgotten City, Revelations of Tell Mardikh, San Diego Third Edition 1982.
Wiseman, J. W.: Ur in Chaldäa, Das grosse Bibellexikon, Bd. 3, Wuppertal/ Giessen 1989, S. 1617–1618.
Wiseman, D. J.: Assyrien, Das grosse Bibellexikon, Band 1, S. 126–134, Wuppertal/ Giessen 1987.
Wiseman, D. J.: Babylonien, Das grosse Bibellexikon, Band 1, S. 159–160, Wuppertal/ Giessen 1987.
Wiseman, P. J.: Die Entstehung der Genesis. Das erste Buch der Bibel im Licht archäologischer Forschung, Wuppertal, o. J.
Wiskin, R.: Das biblische Alter der Erde, Neuhausen-Stuttgart 1994.

Grundtextausgaben:

Biblia Hebraica Stuttgartensia, Stuttgart, 4. Aufl. 1990.
ROBINSON, M. A. / PIERPONT, W. G.: The New Testament in the Original Greek according to the Byzantine / Majority Textform, Introduction and appendix by the editors, executive editor W. D. McBrayer, Atlanta 1991.
The Greek New Testament, United Bible Societies, Fourth revised edition 1993.
Septuaginta, ed. Alfred Rahlfs, Stuttgart 1935.

Bibliografie von Roger Liebi

- Erfüllte Prophetie, Messianische Prophetie – ihre Erfüllung und historische Echtheit, 5. Auflage, Berneck 1990 (Erstauflage 1983). Entspricht der Lizenzausgabe: Der verheissene Erlöser, Zürich 1994. Übersetzungen: Französisch, Holländisch, Italienisch und Ungarisch.
- Weltgeschichte im Visier des Propheten Daniel, 6. Auflage, Berneck 2002 (Erstauflage 1986). Übersetzungen: Italienisch und Ungarisch.
- Rockmusik, Ausdruck einer Jugend in einem sterbenden Zeitalter, 4. Auflage, Zürich 1995 (Erstauflage 1987). Übersetzungen: Französisch, Polnisch und Russisch.
- Introduction à la poésie hébraïque, Cahiers des REBS, No. 8, 1994 (= Übersetzung eines factum-Artikels von Mai 1988).
- Einführung in die vier Evangelien, Zürich 1990. Übersetzung: Italienisch.
- Der Mensch – ein sprechender Affe? Sprachwissenschaft contra Bibel, Berneck 1991 (Erstauflage 1991).
- New Age! Kritische Bemerkungen zum gegenwärtigen Esoterik-Boom, Zürich 1991. Übersetzungen: Französisch, Ungarisch, Russisch und Spanisch.
- Wolfgang Amadeus Mozart, Zwischen Ideal und Abgrund, Berneck 1991.
- Défendre la foi chrétienne, Cahiers des REBS, No. 14, 1995 (Seminar 1991).
- Israel und das Schicksal des Irak, Unruheherd Nahost im Licht der Bibel, 5. Auflage, Berneck 1998 (Erstauflage 1993). Übersetzungen: Italienisch, Spanisch.
- Das neue Europa – Hoffnung oder Illusion? 5. überarbeitete Auflage, Berneck 2002 (Erstauflage 1994).
- Ist die Bibel glaubwürdig? Die Bibel, ihre Autorität und Zuverlässigkeit, Zürich 1995.
- Jerusalem – Hindernis für den Weltfrieden? Das Drama des jüdischen Tempels, 4. überarbeitete Auflage, Berneck 2000 (Erstauflage 1994). Übersetzungen: Französisch, Holländisch.
- Le prophète Ezéchiel, in: Sondez les Ecriture, Bd. 9, Koautor: Joël Prohin, Valence 1995.
- Livre des Proverbes, in: Sondez les Ecriture, Bd. 5, Koautor: Joël Prohin, Valence 1995.
- So entstand das Christentum: Die Welt der Evangelien und der Apostelgeschichte völlig neu erlebt, in: Liebi, R. / Hunt, D. / Seibel A. / Lieth, N.: Prophetie – zeitnah – zeitwahr – zeitklar, Pfäffikon 2000.
- Ein neuer Blick auf die Passionswoche und ihren jüdischen Hintergrund, Das Schönste kommt noch – die himmlische Herrlichkeit im Buch der Offenbarung, in: Gassmann, L. / Lieth, N. / Liebi, R.: Was uns die Zukunft bringt, Pfäffikon 2002.
- Ursprung und Entwicklung der Sprachen, Linguistik contra Evolution, Holzgerlingen 2003.
- Der Messias im Tempel. Die Symbolik des Zweiten Tempels im Licht des Neuen Testaments, Bielefeld 2003.

Der Autor

Drs. Roger Liebi (Dipl. Mus., B. Th., M. Th., Th. D. cand.), Jahrgang 1958, verheiratet, sechs Kinder, studierte Musik, Sprachen der biblischen Welt (Griechisch, klassisches und modernes Hebräisch, Aramäisch, Akkadisch) und Theologie. Er ist als Referent und Bibellehrer in verschiedenen Ländern tätig. Aus seiner jahrelangen Beschäftigung mit der Heiligen Schrift und mit angrenzenden Gebieten ist eine Reihe von Veröffentlichungen hervorgegangen (vgl. die Literaturliste). Das Themenspektrum umfasst u. a.: Exegese, Kulturanalyse, Ursprung der Sprachen, Prophetie, Israel, Archäologie und Apologetik des christlichen Glaubens. Als Bibelübersetzer hat er bisher im Rahmen von drei Projekten mitgewirkt.

Roger Liebi

Weltgeschichte im Visier des Propheten Daniel

Tb., 112 S., CHF 9.90, € 7.60, (SV) Bestell-Nr. 143

Ist Weltgeschichte die Summe aller Zufälle? Es gibt viele philosophische Systeme und Ideologien, mit denen uns eine bestimmte Betrachtungsweise der Geschichte angeboten wird. Doch auf die Frage nach der Zukunft können alle diese Gedankengebäude nur Spekulationen anbieten. Roger Liebi zeigt dagegen auf, dass sich die Bibel davon grundlegend unterscheidet. Keine Religion oder Ideologie kann eine so detaillierte Prophetie vorweisen, die sich über Jahrhunderte und Jahrtausende erstreckt und sich unfehlbar erfüllt. Die Bibel steht hier allein. Schon das Buch Daniel enthält mehr als 200 Weissagungen, die sich in der Weltgeschichte erfüllt haben. Der Leser wird staunen, mit welcher Genauigkeit die Aussagen Daniels in Bezug auf die Weltgeschichte eingetroffen sind.

Roger Liebi

Jerusalem

Hindernis für den Weltfrieden?

Tb., 176 S., CHF 12.90, € 9.90, (SV)
Bestell-Nr. 377

Jerusalem – zu Deutsch «Gründung des Friedens» – ist die wohl umstrittenste Stadt der Welt. Sie gerät mehr und mehr in den Fokus des Nahost-Konflikts. Der heutige Kampf um Jerusalem konzentriert sich insbesondere auf den Tempelplatz in der Altstadt, wo sich die goldene Kuppel der Omar-Moschee wölbt. Die New Yorker «Times» bezeichnet dieses Landstück mit vollem Recht als «die explosivsten Quadratmeter der Welt». Das vorliegende Buch gibt Antwort auf viele Fragen. Dabei wird auch deutlich, wie aktuell, glaubwürdig und verbindlich die Bibel gerade für den Menschen in unserer Zeit ist.

Zu beziehen bei: Schwengeler Verlag, Hinterburgstrasse 8, CH-9442 Berneck,
Telefon in der Schweiz: 071 727 21 20, aus anderen Ländern: ++41 71 727 21 20,
Fax in der Schweiz: 071 727 21 23, aus anderen Ländern: ++41 71 727 21 23,
online: www.schwengeler.ch, E-Mail: bestellung@schwengeler.ch